일본인의 시각에서 본 새로운 일본어 문법 해석

일본어의 본질

모리타 요시유키 지음/허인순·박성태 옮김

〈원제 日本語の視点〉

|책머리에|

공자는 '40세를 불혹의 나이'라 했다. 저자가 일본어 연구의 길에 들어선 것이 지금으로부터 꼭 40년 전의 일이므로 연구자로서는 불혹의 나이가 된 셈이다. 하지만 연구나 일본어교육에 관해서 아직도 망설여지는 경우가 너무 많다. 하루하루가 시행착오와 반성의 반복이다. 확실히 연구나 교육의 제 문제에 관해서는 의문이 많다. 각종 연구 자료나 교재를 펼쳐보더라도 분석방법, 논리의 전개방법, 개개의 언어사상에 대한 취급방법, 어느 하나를 보더라도 충분히 납득이 되는 설명과 내용에는 좀처럼 다다르기 어렵다. 그것은 언어의 제 문제가 각각 분리 취급되어, 일본어라면 일본어 전체를 바라보는 시점이 보이지 않기 때문일 것이다.

교재를 보더라도 마찬가지어서, 수동문이라면 수동문, 사역표현이라면 사역표현이라는 식으로 각각 별개의 언어사항으로 과가 편성되어 교육이 이루어진다. 이렇게 되면 언어현상이 조각조각이 되어 유기적으로 연결되기는커녕, 동심원상에 일본어 능력을 확대시켜나가는 시점도, 일본어의 심층을 뒷받침해주는 공통된 사고양식도 파악하지 못한 채, 단지 개별적으로 언어의 형식적인 법칙을 기억해나가기만 하는 무미건조한 언어학습이 되어버릴 것이니 유감스러운 일이다.

    저자도 이 길에 들어선 지 얼마 되지 않았을 무렵에는, 단지 그날의 교육과제에만 정신을 빼앗겨 거시적으로 언어를 볼 정도의 여유는 없었다. 하지만 교육자생활이 불혹의 나이에 접어듦에 따라 차츰 일본어의 모습이 어렴풋이나마 보이는 듯하다. 마침 올해 일본어교육학회 춘계 대회가 저자가 근무하는 학교에서 열려 학술강연을 하는 기회를 갖게 되었다. 본서는 그 자리에서 강연했던 초고를 바탕으로 다시 써 내려간 것으로 일본어의 문법에 관한 제 현상을, 저자의 눈에 보인 일본어의 모습으로서 이해하기 쉽게 해설한 것이다.

    언어는 그것을 만들어 낸 사회의 문화이며, 문화적인 시점을 떠나서 언어를 생각하는 것은 살아있는 진정한 언어를 바라보는 것이 아닐 것이다. 본서를 통해서 일본어를 생각하는 기회를 갖고, 일본어를 다시 생각해보고, 일본어를 사랑하는 마음이 생기기를 기대한다. 지금까지 품어 왔던 일본어에 대한 고정관념과, 일본어는 논리적이지 못하다는 등의 편견을 버리고 첫 페이지부터 읽어 내려가 주길 바란다.

|목차|

책머리에 ● 3
목차 ● 5

1. 일본어의 주어, 「は」와 「が」의 사용법 1
문(文) 속에 나타나지 않는 「は」 ● 11
주제를 나타내는 「は」 ● 14
「は」의 정의성(情意性) ● 17
「は」가 나타나지 않는 이유 ● 19

2. 일본어의 주어, 「は」와 「が」의 사용법 2
「が」주어문의 표현성 ● 24
새로운 화제를 제시하는 「が」 ● 26
문학작품에 나타나는 「が」의 역할 ● 30
판단을 나타내는 「は」 ● 31
강조를 나타내는 「が」 ● 41
복문 속의 「は」와 「が」 ● 44

3. 술어에 나타나는 특색
「〜は」・「〜が」문과 표현의 성격 ● 51
술어 중심의 일본어 ● 55
일본어에 나타나는 인간관계 ● 57
술어에 담긴 화자의 마음 ● 60

4. 형용사에 나타나는 일본어의 특색

「～は …が + 감정을 나타내는 형용사」문의 성격 • 64
형용사에 나타나는 자기중심적 표현 • 66
표현형식에 나타나는 자신·타자의 용법 • 71

5. 부사의 정의성

일본어 부사의 특징 • 74
부사가 나타내는 화자의 심리 • 78

6. 어감과 평가

'쾌' '불쾌'의 표현과 어감 • 85
유의어와 어감 • 91

7. 지시표현과 コソアド

「コソアド」의 체계 • 97
「コソアド」를 지탱하는 심리 • 104

8. 자동사와 타동사

'비의지적인 행위'를 나타내는 타동사와 '수동적·자발적인 행위'를 나타내는 자동사 • 106
자동사와 타동사의 대응 • 111

9. 일본적인 수동표현

수동표현을 만들어내는 '내부(うち)' 의식 • 118
'내부(うち)'와 '외부(そと)'의 의식 차이 • 121
피해의 수동 • 123

인간중심의 수동표현 ● 125

10. 일본어의「られる」의 발상
일반적인「られる」의 용법 ● 129
발상에서 본「られる」의 특색 ● 133

11. 일본적인 사역표현
「させる」와「られる」● 139
'사역'과 '타동'의 차이 ● 143
'사역'과 '허용' ● 147

12. 수수(授受)표현의 특이성
일본어의「やりもらい」표현 ● 153
「やる」「くれる」「もらう」가 나타내는 의미 ● 157

13.「行く」「来る」가 나타내는 의미
「〜てくる」「〜ていく」의 표현 ● 163
화자의 시점에서 본「行く」「来る」● 168

14. 경어표현의 본질
일본어의 경어 ● 171
경어표현에 나타나는 '내부(うち)・외부(そと)' 의식 ● 172
경어표현의 구조 ● 176
경어표현에 나타나는 대인의식 ● 177

15. 완곡표현과 일본어

완곡표현을 키운 환경 ● 181
완곡표현의 효과 ● 183
「～という」「～といった」의 용법 ● 187
「いわゆる」의 용법 ● 188

16. 추량표현과 일본어

추량표현의 발상 ● 189
「ようだ」의 용법 ● 191
「らしい」의 용법 ● 193
「だろう」「そうだ」의 용법 ● 194
「う」「よう」의 용법 ● 198

17. 부정의 효과

부정표현의 의미 ● 200
완곡표현으로서의 '부정' ● 202
이중부정의 심리 ● 204
비존재를 나타내는 「ない」의 용법 ● 207
부족을 나타내는 「ない」의 용법 ● 208
기대나 예상에 반대되는 결과를 나타내는 「ない」의 용법 ● 213

18. 역접의 논리

역접에 나타나는 표현자의 마음 ● 216
일본어의 역접을 지탱하는 논리 ● 217
「しかし」의 용법 ● 222

19. 접속「～て」의 논리

속담에 나타나는 「～て」의 용법 ● 227

다양한 「～て」의 접속 ● 228

「～て」의 용법-순차성·누가·병렬·동시진행 ● 231

「～て」의 용법-가정의 순접/역접·확정의 순접 ● 234

20. 순접의 논리

「から」와 「ので」의 비교 ● 239

「から」에 나타나는 화자의 의식 ● 244

「ので」에 나타나는 화자의 의식 ● 249

21. 가정의 논리

「ば」「と」의 용법 ● 255

「たら」「なら」의 용법 ● 259

22. 시제와 일본어

일본어의 시제 ● 265

「た」의 용법 ● 267

일본어의 '시제'에 나타나는 화자의 의식 ● 275

맺음말 ● 279

1

일본어의 주어, 「は」와 「が」의 사용법 1

문(文) 속에 나타나지 않는 「は」

매년 가을이면 일본어학 강의를 의뢰받아 나고야(名古屋)에 가게 된다. 물론 왕복 교통수단은 신칸센(新幹線)을 이용한다. 차창 밖으로 전개되는 풍경은 매번 보아서 낯이 익으므로 항상 차 안에서 읽을 책을 휴대한다. 창밖은 거의 보지 않고 오로지 책만 읽어 내려간다. 한참을 가다 보면 잠시 후에 나고야에 도착한다는 차내 안내방송이 흘러나온다. 그제야 비로소 차내 전광판에 눈을 돌린다.

- まもなく名古屋です.　　잠시 후에 나고야에 도착합니다.
- We will soon make a brief stop at Nagoya.

먼저 일본어가 나오고, 이어서[1] 영어로 문자가 표시된다. 이 두 언어의 대비가 또한 흥미롭다. 영어는 어쨌든 "We…"라고 우선 주어를

---

[1] 신칸센의 차내 안내표시 영문은 다음 정차 역이 종점일 경우, 'We will arrive at Nagoya terminal in a few minutes.'가 된다. 이것도 일본어로 하면 '잠시 후에 종점인 나고야입니다'로. '종점이'이 붙을 뿐 같은 표현 태도로 일관하고 있다.

나타내고, 그 We 에 해당하는 사람들이 이윽고 어떤 상황에 놓이게 되는가를 다음에 서술한다.

한편 일본어는 어떠한가. 「私は…」라든지 「われわれは…」등의 말은 전혀 찾아볼 수 없다. 단지 「まもなく名古屋です」라고 실제로 승객(여기에서는 말을 듣는 사람인 자기 자신)의 신상에 일어나는 현상을 단적으로 나타내는 데에 그친다. 차 안에 있는 자신이 지금 '드디어 나고야구나'라고 느끼는 그대로가 문자로 나타났다고 하는 감각이다.

일찍이 어느 언어학자가 '일본어는 인간 부재의 언어이다'라고 말했는데 그것은 아마도 영어 등의 언어에서는 반드시 주어를 내세워서 "We…" "I…" 등으로 말하지만, 일본어는 「まもなく名古屋です」와 같이 문 표면상에 인간이 나타나지 않는, 그 점을 지적하고 있는 것이다. 예를 들어 보자.[2]

- I've lost a button.

영어로 위와 같이 말해야 되는 것을 일본어는 아주 단순하게 표현한다.

- ボタンが取れちゃった[3]。　　단추가 떨어져버렸다

---

[2] 여기에서는 단추가 떨어져버린 상태를 깨달았을 때의 말. 다만, 단추를 잠그려고 하다가 실이 끊어진 경우에는 영어에서도 "A button has come off."라고 단추를 주어로 내세워서 서술한다.

[3] 앙리 프레『日本語 二千文』에서

라고 말하는 것이다. 어디에도「私」등의 말은 찾아볼 수 없다. 따라서 '인간이 서술 내용 안에 존재하지 않는다'라고 하는 것은, 그 나름대로 분명한 사실이다.

하지만, 그렇다고 해서 과연 인간이 정말로 부재하는 것일까. 아무리 생각해도 필자에게는 그렇게 생각되지 않는다.「私」는 항상 표현의 배후에 있으며 단추가 떨어진 사실을 자신의 눈으로 보고 '아 단추가 없다!'라고 영탄적으로 파악한다. 일본어는 표현·이해 모두에서 화자와 청자가 항상 '자기 자신'이라는 대화를 주고받는 주체자가 되어 그림자처럼 붙어있기는 하지만, 대화 내용에는 들어가지 않는다. 이것이야말로 서술을 바라보는 자기 자신이다. 영어와 같이 대화 내용에 들어가게 된다면 그 「私」는 이미 자기 자신이 아니라 대상화된 문 속의 등장인물에 지나지 않게 된다. 인간 부재라는 라벨은 그야말로 영어에 붙여져야 한다고 생각하는데 과연 어떠할지?

알기 쉽게 말하자면, 일본어는 연극무대를 바라보는 본인 자신이고, 영어는 스스로가 무대 위의 연기자가 되어 관찰되는 대상이라 할 수 있을 것이다. 흔히 커뮤니케이션을 캐치볼에 비유하는데, 일본어의 화자·청자는 공을 던지는 사람과 받는 사람 그 자체이기 때문에 공으로는 표현되지 않는다. 영어의 경우 「私」는 화제의 대상이 되어 날아가는 공 그 자체가 되는 셈이다.

그러므로 일본어 문장 속에서 「私は」「私が」라고 자신을 주어로 내세우면 「私」는 공이 되어 버린다. 따라서 다른 여러 공에 대해 '私라는 공은'이라는 의미로 '다른 사람은 어떻든, 나로 말할 것 같으면…'이라는 식의 내세우는 듯한 의식이 강조된다. 자신을 남과 대비시킴으로써 남과 동등한 위치에 설 수밖에 없으므로 화제 속의 무대에 서는 인물이 되어 버리는 것이다.

주제를 나타내는 「は」

「は」로 나타나는 주어는 주제 제시라고 일컬어진다. 일본어에서는 무엇인가에 대해 서술할 필요가 있을 때, 예를 들어 '봄'에 대해 서술하고 싶으면 화제가 된 '봄'을 우선 공을 내세워서 「春は… (봄은…)」라고 상대방에게 던지지 않으면 안 된다. 「春は…」라고 말함으로써 청자와의 사이에 '봄에 관한 커뮤니케이션'이라는 공통된 이해가 형성된다. 즉, 공통된 장면 하나가 형성되는 것이다. 그리고 그 화제에 관하여 어떠한지, 화자의 생각을 다음에 서술한다. 세이쇼 나곤(清少納言)이라면 우선 「春は曙(봄은 새벽녘이 장관이다)」라고 했을 것이다.

- 天は人の上に人を造らず、人の下に人を造らず
 (『学問ノススメ』福沢諭吉)
 하늘은 사람 위에 사람을 만들지 않고, 사람 밑에 사람을 만들지 않는다.　　　　　　　　(『학문의 권유』 후쿠자와 유키치)

- ふるさとは遠きにありて思ふもの
 (『抒情小曲集』「小景異情」室生犀星)
 고향은 멀리 있을 때 생각나는 것.
 　　　　　　　(『서정소곡집』「소경이정」 무로 사이세)

- 花のいのちは短くて苦しきことのみ多かりき
 (「色紙への賛」林芙美子)
 꽃의 수명은 짧고 고달픈 일만 많았네.
 　　　　　　　　(「색종이 예찬」 하야시 후미코)

모두 화자(작자)의 자유로운 판단·의견이다. 화제로 삼는 사항,

즉 제목을, 「～は」의 형태로 내놓고 공통된 화제장면만 만들어지면, 다음은 화자의 자유로운 의견을 덧붙이기만 하면 되기 때문에 어떤 말을 해도 괜찮다. '봄'이 「曙(새벽녘)」가 아니고 「夕暮れ(해질녘)」이든, 「大好き(제일 좋다)」이든, 극단적일 경우 「嘘だ(거짓말이다)」에 연결시켜도 잘못이라고는 말할 수 없다.

이와 같은, 제목과 그에 대한 화자의 의견·판단이라는 관계에서, 논리적으로 보면 전혀 의미가 통하지 않는 관계라도 「～は…だ」의 형태로 나타낼 수 있다는 점이 일본어의 흥미로운 점이라 할 수 있다.

- 会場は裏の地図をご覧ください。
  대회장은 뒷면의 지도를 보십시오.

위와 같이 흔히 프로그램 등에 적혀있는 글에서 대회장과 뒷면의 지도를 보는 것은 결코 대등한 관계가 아니다. 「会場は?(대회장은?)」라는 장면에서 「裏の地図を見ること(뒷면의 지도를 보는 것)」가 제일 적절한 대처라는 것을 「～はどうする」의 주어·술어로 기술하고 있는 것에 불과하다. 주제 제시의 일본어문은 'A=B'의 논리와는 관계없는, 자유로움을 지니고 있다는 점을 긍지로 삼아야 할 것이다.

- 柱の傷はおととしの、五月五日の背くらべ　　（「背くらべ」）
  기둥의 상처는 재작년 5월 5일의 키 재기　　（「키 재기」）

이 경우, 「柱の傷」와 「背くらべ」는 아무리 생각해도 대등한 관계가 형성될 수 없다. '키 재기 할 때에 새긴 키 높이의 표시'라는 감추어진 의미를 포함해야, 비로소 대등한 관계의 도식이 성립된다. 그것을 갑자기 「～は…だ」의 문으로 표현할 수 있다는 점에 일본어의 장점이 있다.

「は」의 정의성(情意性)

- リンゴは果物だ.　사과는 과일이다.

위의 문장은 「リンゴ = 果物」로, 그야말로 정의라도 내리는 듯한 단순한 판단이다. 사과는 과일의 일종이기 때문에 「リンゴ」는 하위개념, 「果物」는 그 상위개념이 될 것이다. 하위개념이라면, 「私は日本人だ(나는 일본인이다)」「クジラは哺乳動物だ(고래는 포유동물이다)」와 같이 「は」로 시작하는 문도 가능하지만, 반대의 경우는

이론적으로 성립되지 않는다.

- 果物はリンゴだ。   과일은 사과다.
- 日本人は私だ。   일본인은 나다.

과일을 모두 사과라고는 할 수 없으며, 일본인이 모두 나일 리는 없기 때문이다. 그러나 현실적으로 일본어에서 이와 같은 표현법은 얼마든지 있다. 「デザートの果物は何?(디저트 과일은 무엇으로?)」라는 질문에 대해, 또는 「お好きな果物は?(좋아하시는 과일은?)」이라는 질문에 대해서라면 「果物はリンゴだ」라고 보통 말할 것이다. 그곳에 있는 사람들 중에 일본인이 한 명 있다고 하는 전제가 세워지면 「どなたが日本人ですか(어느 분이 일본인입니까)」라는 질문의 대답으로서 「日本人は私だ」라고 대답하는 것이 자연스럽다.

요컨대 「果物」나 「日本人」이라는 공통화제가 이미 납득된 상태

라면(즉 장면과 문맥에서 지금 무엇이 화제가 되고 있는가가 확실하다면), 그 화제를 A로 내세워서 'A에서는 엄밀하게 말하면 B이다' 'A에 어울리는 것은 B이다' 또는 'A중에서는 무엇보다도 B가 제일이다'라는 극히 정의적인 표현이 된다.

- 運転手は君だ、車掌は僕だ。 (「電車ごっこ」文部省唱歌)
  운전수는 자네다, 차장은 나다. (「전차놀이」문부성창가)

위와 같이 단순히 지명하는 것이라면 괜찮다. 그러나 이것을 잘못 표현하면 자못 뻔뻔스러운 철면피 같은 태도가 표면에 드러난다.

- 代表は(当然)私だ。 대표는 (당연히) 나다.
- 優勝は間違いなく私だ。 우승은 틀림없이 나다.

이것도 일본어 「は」의 정의성의 한 표현이며 사용하기에 따라서는 대단히 유효한 감정표현의 수단이 된다. 아주 개성적인 자기주장, '다른 사람은 어떠하든 나는 …라고 믿는다'라는 개인 의견도 일반적인 사회통념이 되기도 하므로 주의를 요한다.

- 花は桜木、人は武士　꽃은 벚나무, 사람은 무사
- 男は度胸、女は愛嬌　남자는 배짱, 여자는 애교

「は」가 나타나지 않는 이유

화제가 되는 사항이 장면과 상황 속에 있어서, 특히 내세워서 다른

것과 비교한다든지 자신의 의견을 덧붙인다든지 하는 대상으로 삼지 않을 경우, 일본어는 일일이 「～は」라는 주어를 표면에 드러내지 않는다. 앞에서의 「まもなく 名古屋です」가 실로 그러하며, 화자의 눈을 통해 장면 내의 사물과 사항을 단지 수동적으로 받아들이는 것에 불과하다. 있는 그대로를 「何だ(무엇이다)」「どんなだ(어떠하다)」라고 늘어놓는 행위라 해도 좋을 것이다.

일본어는 '주어를 일일이 내세우지 않아도 되는 언어다'라고 일컫는 것은, 있어야 하는 주어를 문자화하지 않는다(생략)는 것뿐만 아니라, 원래 주어에 해당하는 사항에서 문과 화제의 전제가 되지 않는 표현이 있다고 하는 증거이다.

분명 경어의 발달로 인해 술어에 나타나는 대우 정도가 누구를 향한 것인가는 일일이 말로 나타내지 않아도 유추 가능하다. 그러나 이것은 인간관계의 행위에 의해서만 해당되는 내용이며, 일본어의 본질에 바탕을 둔 전체적인 전망과는 거리가 멀다. 역시 이유는 화자의 눈에 비치는 화재(話材)를 자기와의 관계에서 다루므로, 화재를 일일이 「～は」라고 표현하지 않는다는 점에 있다고 보아야 할 것이다. 화재의 모습과 양상을 화자가 단지 '무엇이다' '어떠하다'라고 받아들여 말로 표현하는 것이 자연스런 일본어인 것이다. 그러므로 일본어는 극단적으로 말이 절약된 언어라 할 수 있다.

- 古池や蛙飛び込む水の音　　　　　　　（芭蕉）
  오래된 연못에 개구리 뛰어드는 물소리여　（바쇼）

위의 글을 읊었을 때, 바쇼의 눈에는 오래된 연못과 물에 뛰어드는 개구리가 보이고 귀에는 그 물소리가 들린 것에 불과하다. 그것을 단지 세 가지로 열거함으로써 하나의 예술 공간을 탄생시킨다. 실로 일본어에서만 가능한 수법이다. 이것도 화자(바쇼)가 외계의 장면에서 화제를 발견하고 자신과의 관계에서 그것을 수동적으로 받아들이는, 일본어다운 표현 행위라 할 수 있다. '주어는?' '술어는?' 등의 사항을 대상으로 취하는 객관적인 서술이 아니다. 바로 이러한 이유 때문에 사람들의 심금을 울리는 명구가 되었을 것이다.

하이쿠(俳句)는 언어를 극도로 제한한 생략의 문학이다. 그것이 가능한 이유는 물론 일본어이기 때문이기도 하지만, 나아가서는 표현 방식이 현실 장면 속에서 화자가 오감으로 느낀 사물을 직접 말로 바꾸는, 다름 아닌 자기 입장 중심이기 때문이라고 할 수 있다. 이것을 일일이 「私は」라고 자기를 대상화하는 언어였다면 하이쿠는 탄생되지 않는다. 극단적인 경우 눈으로 보고 귀로 들은 사물을 단지 열거하는 것만으로 시 한 수가 탄생된다. 다음은 야마다 요시오(山田孝雄) 박사가 '배합의 호격'이라고 일컬은 명사의 나열에 의해 만들어진 하이쿠이다.

- 奈良 七重 七堂伽藍 八重桜　　　　(芭蕉)
  나라 칠층탑 칠당가람 겹벚꽃　　　　(바쇼)

- 琵琶 和琴 摺鉢の音 時鳥　　　　(宗因)
  비파 거문고 절구소리 두견새　　　　(소인)

- 目には青葉 山郭公 初鰹　　　　(素堂)

눈에는 푸성귀 산 뻐꾸기 햇가다랭이　　（소도）

　눈으로 보고 귀로 듣는 외부세계의 사항을 하나하나 자신과의 관계로 객관화하여「〜は…だ」「〜はどんなだ」라고 누누이 서술하지 않는다는 점에 일본어의 장점이 있다. 이것이 결과적으로 언어의 절약이 되고 과묵의 미를 탄생시킨다. 관점을 바꾸면 발화의 생략(어휘의 생략이 아닌)이라고도 할 수 있을 것이다.「青葉」와「時鳥」,「初鰹」라고 말하는 것만으로 그러한 화재에 대한 화자의 마음이 배어난다. 일일이 말하지 않는 편이 심오하고 예술적 효과도 높아진다. 이 생략의 세계가 여백의 효과를 낳고 거기에 (말이) 있는 것보다는 없는 편이 좋다고 하는 역설의 논리를 탄생시킨다.
　일본어의 이러한 여백의 효과는 언어생활의 도처에서 찾아볼 수 있다.「言わぬが花 (말은 여운을 남긴 데에 정취가 있다)」라든지「沈黙は金 (침묵은 금)」등은 실로 여기에 딱 어울리는 과묵의 미를 찬미한 속담일 것이다. 그 밖에도「はっきり言ってしまっては身も蓋もない(확실히 말해버리면 지나치게 노골적이어서 감칠맛이 없다)」라고 해서, 말을 아끼는 것을 좋은 것으로 친다. 말하지 않으면 남이 알아주지 않는다, 주장하지 않으면 인정받지 못한다는 미국 사회와 같다면 이것은 극히 불리한 상황이 될 것이다.
　일본 사회가 적어도 지금까지 미국적이지 않았던 것은, 혹여 일본어가 갖고 있는 이러한 발상의 결과 때문일 지도 모른다. 하이쿠에서 볼 수 있는 여백의 미, 여백의 효용이 앞에서 보아온 것처럼 일본어 성격 그 자체에 기인하는 점이 크다고 한다면, 이와 같은 일본어의 발상은 일본어가 갖는 표현 구조와 궤도를 같이 하여 그에 걸맞은 형태로 언어예술을 탄생시켰다고도 할 수 있지 않을까? 원래는 일본어의 발상이라 해야 하지만, 단지 언어뿐만 아니라 회화(絵画)에서의 여백 활용 등과도 공통되는 하나의 일본적인 성격, 일본문화의 뿌리라 해도 좋을 것이다.

2

일본어의 주어, 「は」와 「が」의 사용법 2

「が」주어문의 표현성

일본어는 자신을 둘러싼 여러 사항들이 자신의 눈에 비치는 대로 그것을 수동적으로 받아들여 말로 표현하는 언어라 할 수 있다. 눈으로 받아들여진 그러한 사항을 어떻게 말로 담아내는가에 따라 두 가지 표현양식으로 나뉜다.

하나는, 눈에 비쳐서 마음을 움직이는, 있는 그대로를 하나의 사태로서 말로 담아내는 방식으로 '현상문(現象文)'이라 한다.

또 하나는, 받아들여진 사항들을 제목으로 해서 그것에 대해 판단을 덧붙이는 표현형식으로, '판단문(判斷文)'이라 불린다. 그런데 첫 번째의 현상문은, 예를 들어 비가 내리기 시작하는 것을 깨달았을 때라고 해보자.

- あ、雨が降ってきた。　아, 비가 내리기 시작했다.

위와 같이 말했을 때의 문으로, 문득 입 밖으로 나온 그 말은 실제로 마음에 느낀, 있는 그대로를 서술하는 전형적인 현상파악문이라 할 수 있을 것이다. 같은 예로 후지산의 아름다운 경치에 감동하여 중얼거릴 때에도 마찬가지이다.

- 富士山がきれいだなあ。　　후지산이 멋있구나.

그밖에 오감으로 받아들여진 현상, 감정이나 마음에 떠오르는 현상이 그대로 말로 표현된 문에서 볼 수 있다.

おや、鍵がかかっているぞ　　아니 열쇠가 잠겨 있잖아
ねじが外れちゃった　　　　　나사가 풀려버렸어
頭が痛いなあ…　　　　　　　아, 머리 아파

고바야시 잇사(小林一茶)의 하이쿠를 보자.

- 雀の子そこのけそこのけお馬が通る
　새끼참새 저리 비켜 저리 비켜 말이 지나간다.

- やれ打つな蠅が手を摺り足をする
　어 때리지 마, 파리가 손이 발이 되도록 비빈다.

이 하이쿠도, 말이나 파리의 모습을 보고「そこのけ」라고 가르치고「やれ打つな」라고 제지한다. 그러한 긴박한 '장면'의 모습을 상대방에게 단적으로 나타내는 문이므로,「お馬が通る」라고「が」주어문으로 하고, 「蠅が手を摺り足をする」라는 「が」의 문으로 서술한 것이다.

새로운 화제를 제시하는 「が」

「～がどうする(～이 어떻게 한다)」「～がどんなだ(～이 어떠하다)」에서 이와 같은 표현형식은 새로운 사실을 파악하고, 새롭게 일어나는 심상풍경(心象風景)이 문이 된 것이므로, 단발적이며 그때까지의 이야기의 흐름이나 문맥과는 관계가 없다. 새로운 사태의 제시이다.

- 昔々あるところに、お爺さんとお婆さん<u>が</u>ありました。
  옛날 옛날 어느 곳에 할아버지와 할머니<u>가</u> 있었습니다.

동화에서 모두문(冒頭文)이 「が」라는 주어로 시작하는 것도, 전제가 되는 장면과 문맥이 없는 새로운 문장의 모두부분일수록, 우선 필요한 사태를 상대방에게 제시하고 다음 이야기를 진행하는 '화제제시문(話題提示の文)'이 적당하기 때문이다.

화제제시문은 새로운 사항에 관해서 「～がどうしている」「～がどんなである」라고 상황을 서술할 뿐, 그때까지의 문맥과 장면에서 특정한 화제를 제목으로 삼아 설명하는 문은 아니다.

그러므로 「何か新しい情報や話題はありませんか(뭔가 새로운 정보나 화제는 없습니까)」에 대한 대답으로 「そうそう、昔々お爺さんとお婆さんがありましたよ。(그래그래, 옛날 옛날에 할아버지와 할머니가 있었단다)」와 같이 그때까지의 이야기 흐름과는 관

계없이 새로운 화제를 제공할 때에는 편리한 형식이다. 그리고 분명한 것은, 발화하고 나서야 비로소 거기에 새로운 장면이 발생하고 그것이 다음 발언을 유발하게 한다는 것이다.

- 昔々あるところに、お爺さんとお婆さん<u>が</u>ありました。
  옛날 옛날 어느 곳에 할아버지와 할머니<u>가</u> 살고 있었습니다.

이렇게 말하면, 다음에는 선행문의 사항을 새로운 제목으로 하여 문을 발전시켜나가는 것이다.

- お爺さん<u>は</u>山へ柴刈りに、お婆さん<u>は</u>川へ洗濯に…
  할아버지<u>는</u> 산으로 나무하러 가고, 할머니<u>는</u> 강으로 빨래하러…

따라서 이러한 종류의 문은, 문장과 담화의 모두부분에 나타나기 쉬우며 그에 이어지는 문은 확실히 제목을 밝힌 「は」주어문이 된다.
그런데 「が」주어는 문장의 모두부분이나 또는 잠시 문맥을 중단하고 뭔가 다른 화제로 눈을 돌리는 듯한 상황에서 즐겨 쓰인다. 시나 노래는 흰 종이에 새로운 장면정경을 창조하는 것이므로 이러한 「～が」문이 제격이다.

- 春<u>が</u>来た。春<u>が</u>来た。どこに来た。山に来た。里に来た。
  野にも来た。　　　　　　　　（「春が来た」文部省唱歌）
  봄<u>이</u> 왔다. 봄<u>이</u> 왔다. 어디에 왔나. 산에 왔다. 마을에 왔다.
  들에도 왔다.　　　　　　　　（「봄이 왔다」문부성창가）

어느 문에나 「春が…」와 같은 형태로 「が」주어문이 모두 열거되어 있다. 산과 들, 마을 풍경을 보고 봄의 도래를 알고서 환희에 젖어 설레는 마음이, 새로운 발견을 의미하는 현상문의 나열을 통해 나타나고 있다. 개개의 문이 독자적으로 발견의 기쁨을 노래할 수 있는 것은 다름 아닌 현상문을 연쇄시킴으로써 얻어진 것이며, 이래도 라며 다그치듯이 환희의 감정을 고조시켜 나간다. 이것은 앞부분에 이어서 논리전개를 도모하는 문맥은 아니다. 따로따로 분리된 문맥이다. 감정의 고양을 현상문의 나열로 잘 읊어낸 이 리듬이야말로 정말 훌륭하다 하지 않을 수 없다.

'대나무'를 노래한 하기와라 사쿠타로(萩原朔太郎)의 유명한 시를 보자.

光る地面に竹が生え、
青竹が生え、
地下には竹の根が生え、
根がしだいにほそらみ、
根の先より繊毛(わたげ)が生え、
かすかにけぶる繊毛が生え、
かすかにふるへ。

かたき地面に竹が生え、
地上にするどく竹が生え、
まっしぐらに竹が生え、
凍れる節節りんりんと、

青空のもとに竹が生え、
竹、竹、竹が生え。　　　　　　（『月に吠える』「竹」）

반짝이는 지면에 대나무가 자라고,
푸른 대나무가 자라고,
땅속에는 대나무 뿌리가 자라고,
뿌리가 점점 가늘어져서,
뿌리 끝에서는 솜털이 자라고,
희미하게 보일 듯 말 듯한 솜털이 자라고,
희미하게 흔들리고.

딱딱한 지면에 대나무가 자라고,
땅 위에 뾰족하게 대나무가 자라고,
위로 곧게 대나무가 자라고,
얼어버린 마디마디 늠름하게,
푸른 하늘 아래 대나무가 자라고,
대나무, 대나무, 대나무가 자라고.　（『달을 향해 짖는다』「대나무」）

　대나무가 군집해서 자라는 모양이 작자의 눈에 비치는 인상으로서 「が」주어의 현상문으로 훌륭하게 묘사되어 있다.
　「生える(자라네)」라고 끝맺지 않고 연용형중지법「…生え、(…자라고,)」의 연속으로 현재시제의 팽팽한 긴박감, 빽빽이 자라나는 푸른 대나무의 모양을 선명하게 묘사해 낸다. 새로운 정경을 발견한 신선한 작자의 눈과 감동이 전해져 오는 것은 다름 아닌 '현상문'으로 열거했기 때문이라고 할 수 있을 것이다.

문학작품에 나타나는 「〜が」의 역할

일본어에서 현상문의 획득은 문학세계에 측량할 수 없을 만큼 이득을 가져왔다. 시계(視界)에 들어오는 현상을 발견하는 것은 가끔 문학적인 감동을 불러일으키고 무한한 영탄과 환희의 감정을 유발한다.

雨が降ります 雨が降る。
遊びに行きたし 傘はなし。
紅緒のかっこの 緒が切れた。　　　（北原白秋「雨」）

비가 내리네. 비가 내려.
놀러 가고 싶은데 우산은 없고.
다홍실 같은 인연 줄이 끊어졌네.　　　（기타하라 하쿠슈「비」）

첫 부분에서 비가 내리는 모양의 묘사는 결코 객관적인 서술이나 설명이 아니다. 비 내리는 것에 대한 비애를 몸 전체로 느끼고 「雨が降ります, 雨が降る」라고 현상문으로 취급함으로써 한없는 고독의 쓸쓸함이 말 속에 담겨 있다. 자신을 감싸는 '자연' 대 '개체'라는 관계가 현상문으로 서술됨으로써 '당사자의 전인적인 파악(감정)'으로 이루어지고 있는 것이다. 여기에서 비가 내리는 것은 단순한 외계현상에 불과하다. 오히려 그 환경과 장면에 접해서 일어나는 자신의 직감작용·정의작용이야말로 현상문의 진수라고 할 수 있지 않을까?

현상문은 「今、ここで(지금, 여기에서)」라는 시간·공간의 제약을 갖는다. 어디까지나 당사자의 마음속에 비치는 그 시점에서의 외계 모습에 불과하다. 따라서 서술 내용에 화자의 책임은 없다. 「雨が 降ります 雨が降る」라고 말하더라도 현실에서는 내리지 않을지 모르는 일이다. 당사자가 내리고 있다고 느꼈기 때문에 그렇게 서술한 것에 불과하다. 제3자에게는 잘못으로 보이더라도 당사자의 눈에는 그렇게 비쳐졌기 때문에 현상문으로 표현한 것이다. 현상문은 외계의 사상 그 자체가 아니라 어디까지나 거기에서 받은 화자의 심상을 서술한 언어표현에 불과하다. 현상문에 감정표출문이 많은 것도 이 때문이다.

판단을 나타내는 「は」

「は」로 시작되는 주어문으로 이야기를 돌려 보도록 하자. 일본어에는 같은 주어문이라 하더라도 「は」와 「が」의 두 가지 형태가 있으며, 이를 구분해서 사용한다. 이것은 정말로 편리하고도 고마운 것으로, 화자의 심리가 그에 의해 유감없이 발휘된다. 도대체 「は」에 의한 주어 제시에는 어떤 의식이 작용하고 있는 것일까? 요사노 부손(与謝蕪村)의 하이쿠를 보자.

- 菜の花や月は東に日は西に
  유채꽃이여 달은 동쪽에 해는 서쪽에

이 「月」와 「日」를 어떻게 다루었는지 예로 들어 생각해 보도록 하자. 달과 해는 분명 작자(부손)의 외(そと)적인 존재로서, 그러한 점에서는 전술한 현상문의 경우와 다를 것이 없다. 그러나 그것은 어디

까지나 소재로서 대상의 문제이지 그것을 표현으로서 어떻게 받아들이고 어떻게 취급하는가의 문제는 또 별개이다. 「月が東から昇ってきた(달이 동쪽에서 떠올랐다)」라고 말하면, 현상문으로 받아들

인 것이지만, 「月は東に(ある)(달은 동쪽에 (있다))」라고 하면 작자의 대상 파악의 방법은 또 달라진다.

현상문에서는 「~がどうした」라는 문전체가 하나의 현상으로서 통합된 발화가 되지만, 「月は東に(ある)」에서는 그렇지 못하다. 「月は」라는 화제 제기에 대해 「東に(ある)」라는 화자의 판단과 의향이 첨가된다. 「は」로 시작되는 문에서는 우선 발화자와 청자의 공통화제로서 「~は…」의 형태로, 그것에 관해서 서술해야 할 사항을 우선 말로 나타내지 않으면 안 된다. 이른바 주제의 「~は」인데, 문법적으로 말하면 「~は」에 의해 제목이 밝혀진 언어표현이라는 셈이 된다. 예를 들어 점심식사에 관한 이야기라면 「お昼は?(점심은?)」라는 주제가 되는 공을 우선 상대방(청자)에게 던지지 않으면 안 된다.

- お昼は(何にしますか)?
  점심은(무엇으로 하겠습니까)?
- そう、……(お昼は)ざる蕎麦にしよう。
  글쎄, ……(점심은)메밀국수로 합시다.

두 문답 모두 「お昼は」라는 공통제목을 기둥으로 세워 놓고, 내건 그 제목에 관해서 질문하기도 하고 대답하기도 한다. 이러한 발화의 문답에서는 「~は」의 제목이 기점이 되어 그것을 표현시점의 출발점으로 해서 회화가 진행된다.

요컨대 「~は」의 제목이 선행되고 그것에 판단을 요하는 표현형식에서는 화자·청자의 공통 화제를 정리하는 일이 발화의 첫째 조건이 된다. 또는 이미 공통 화제가 정리되어 있어서 그것을 바탕으로 이야기를 진행한다. '기지(既知)의 화제(기지의 정보)'라는 전제에 입각하여 이야기를 진행하게 되는 것이다. 갑자기 「~は」문으로 이야기가 시작되면 왠지 문장의 도중에서 읽기 시작한 듯한 착각에 빠지는 것도 이 때문이다.

四里の道は長かつた。其間に青縞の市の立つ羽生の町があつた。
　　　　　　　　　　(田山花袋 『田舎教師』の冒頭)
4리는 먼 길이었다. 그 도중에 아오시마 시장이 서는 하뉴 읍내가 있었다. 　　　　　　(다야마 가타이 『시골교사』의 첫 부분)

　작자의 머릿속에는 이미 소설의 주인공이 먼 길을 걷고 있는 장면이 있어서 그것을 바탕으로 '4리는 먼 길이었다'라고 쓰기 시작한 것으로, '4리의 길'이 기지의 제목이 되어 「(それは)長かったよ((그 길은) 멀었어)」라고 판단을 내리고 있다.
　문학작품에서는 가끔씩 이와 같은, 마치 독자도 기지의 사실인 듯한 태도로 이야기를 시작하는 기법을 볼 수 있는 것이다. 그 그리운 「早春賦」의 첫 부분을 예로 들어 생각해보자.

　　● 春は名のみの風の寒さや　　봄은 이름뿐, 바람이 차갑구나.

　청자는 우선 「春は…」의 부분에서 '아아 봄에 관한 노래가 지금부터 시작되는구나'라고 이해하고, 봄의 밝고 즐거운 이미지를 마음속에 기대하면서 그 봄에 관해서 작자는 어떻게 받아들여서 노래하나, 어떤 정경을 우리에게 보여줄 것인가, 귀를 쫑긋 세울 것이다. 「春

は…」라고 확실하게 제목을 명시하고, 판단을 이하에 맡기는 문이기 때문이다. 그래서 '이름뿐, 바람이 차갑구나'라고 하면 약간 기대에 어긋난 것 같은 실망감을 느끼게 되지만, 이것은 어디까지나 그렇게 서술하는 작자의 책임·판단 하에 내려지고 있는 사항으로 해석해야 할 것이다.

이와 같이 「～は」로 시작되는 판단문은 화자의 자유로운 주제 제시와 그에 대한 자신의 판단을 서술하는 것이므로, 그 판단은 표현자의 새로운 독자적인 발견으로서 창조적인 의미를 지닌다.(그러한 의미에서 이 「早春賦」는 청자의 예상을 뒤엎는 명문구라고 할 수 있지만) 시가 등, 문학에서 볼 수 있는 작자의 예리한 시각을 느끼게 하는 명문구는 때때로 이러한 수법의 판단문으로 나타난다.

 ふるさとは遠きにありて思ふもの
 そして悲しくうたふもの　　　　　　（『抒情小曲集』「小景異情」）
 고향은 멀리 있을 때 생각나는 것
 그리고 서글피 노래하는 것　　　　　（『서정소곡집』「소경이정」）

이러한 구로 시작되는 무로 사이세(室生犀星)의 유명한 시도 「ふるさとは…」라는 판단문으로 작자의 고향에 대한 한없는 애수의 정을 노래하여 만인의 공감을 자아낸다. 시가는 특히 「～は」의 판단문이 효과적인 표현양식이다.

 夕暮れの時はよい時
 かぎりなくやさしいひと時　　　　　　（『月光とピエロ』）

해질녘은 좋은 때
한없이 우아한(아름다운 품위와 아취)한 때　　（『달빛과 피에로』）

호리구치 다이가쿠(堀口大学)의 시의 한 소절인데「夕暮どき」에 대한 작자의 부드러운 감회가 역시「〜は」의 판단문으로 나타난다.

● 辛崎の松は花より朧にて　　　　　　　（芭蕉）
　가라자키의 소나무는 꽃보다 아련하고　　（바쇼）

'꽃보다 아련'하다고 하는 판단이 가라자키의 소나무를 대하고 나서 생겨난 것이다. 소나무의 푸르름과 벚꽃을 대비시켜, 보다 '아련하다'라는 취급방식은 대단히 이지적이어서「〜が」와 같은 단순한 심상풍경과는 비교가 되지 않는다. 그만큼「〜は」의 판단문은 사용법에 따라서는 표현자의 의지와 책임이 농후하게 나타나는 지적인 문도 될 수가 있다.

● 利にまどふ人は、すぐれて愚かなる人なり。
　　　　　　　　　　　　　　　（『徒然草』第三十八段）
　이익에 망설이는 사람은 아주 어리석은 사람이다.
　　　　　　　　　　　　　　　（『쓰레즈레구사』제38단）

● 人間は考える葦である。　　　　（パスカル『パンセ』）
　인간은 생각하는 갈대이다.　　　（파스칼『팡세』）

둘 다 표현자의 책임 하에 이야기되는 하나의 의견·주장이다.
「〜は」의 판단문은,「は」앞에 주제를 두고 이하에 그에 관한 판단을 서술한다. 판단이기 때문에 어떠한 내용을 생각하든지 화자의 자유일 것이다. '인간은'에 대해 '포유동물의 일종이다'라고 하든 '싫다'라고 하든 또는 '욕심꾸러기 이다'라고 하든 어떠한 것이든 괜찮다.

- 私はアメリカに行きますが、あなたは？
  나는 미국에 갑니다만, 당신은?
- 僕は中国だ。
  나는 중국이다.

위의 문답에서, 이것은 결코 '나는 중국에 갑니다'를 생략한 것이 아니다.「あなたは？」라는 질문에 대해「僕は…」라고 말하고 그 다음은 아무것이라도 좋다. 아무튼 해결하기만 하면 그것으로 되는 것이다. 그래서 이「中国だ」는「あなたの行き先はアメリカだが、僕の場合は中国だ(당신의 행선지는 미국이지만 내 경우는 중국이다)」정도의 기분으로 질문 받은 주제의 해결을 모색하고 있는 것이다. 유명한「ぼくはウナギだ(나는 장어다)」의 경우도 마찬가지이다.

- 柱のきずはおととしの 五月五日の背くらべ……
  　　　　　　　　　　　　　　　　(海野厚「背くらべ」)
  기둥의 상처는 재작년 5월 5일의 키 재기……
  　　　　　　　　　　　　　　　　(운노 아쓰시「키 재기」)

이러한 문도 문자 그대로 해석하면「きず」가「背くらべ」라는 말이 되어 정말로 이상해진다. 'A는 B이다'는 결코 A = B라고 단정할 수는 없다.

- 男は度胸、女は愛嬌。　남자는 배짱, 여자는 애교.

위와 같은 글에서도 남자와 배짱이 같을 리는 없지 않은가.
　그런데「～は…だ」의 판단문에서 주제「～は」에 어떠한 말을 넣는가가 반드시 명확하지는 않다. 가령 A가 B와 같다고 하더라도 A를 내세워서 'A는 B이다'라고 할 것인가, B를 내세워서 'B는 A이다'라고 할 것인가는 그 장면에서의 표현의식에 의해 달라진다.

- 鈴木氏は社長だ。　스즈키 씨는 사장이다. (A는 B이다)

예를 들어 위와 같이 말하면 스즈키 씨가 현재 사장의 지위에 있다고 하는 사실을 서술한 것으로 주제A '스즈키 씨'의 상황을「～だ」라고 서술하는 술정판단(述定判斷)이지만, 이것이 만약 반대로 말하면 어떠한 의미가 될까.

- 社長は鈴木氏だ。　사장은 스즈키 씨이다. (B는 A이다)

사장의 입장에 있는 사람은, 현재는 스즈키 씨입니다라고 하는 'B인 것은 A이다'의 동정판단(同定判斷)이 된다. 같은「～は…だ」의 판단문이 이와 같이 두 가지 문의 의미가 된다고 하는 것은 일본어에

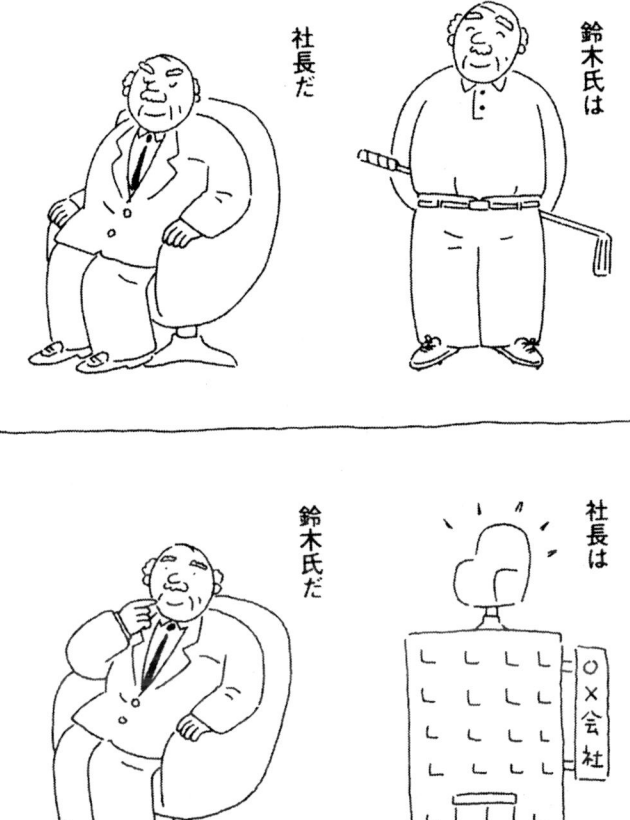

서 매우 흥미로운 점이며 A·B의 위치를 바꾸어서 말해 주어가 되는가 술어가 되는가에 따라 문의 의미가 완전히 달라진다. 전자에서 A는 B가 지시하는 범위 중의 하나라는 이른바 하위어의 관계에 놓여 있지만, 이것은 'A는 보다 상위개념인 B에 상당한다'라는 판단이라 할 수 있다. 극히 논리적이면서도 단정적인 판단이다.

- 私は日本人だ。　　　　　나는 일본인이다.
- 鯨は哺乳動物だ。　　　　고래는 포유동물이다.
- 夏目漱石は英文学者だ。　나쓰메 소세키는 영문학자이다.
- 日本は島国だ。　　　　　일본은 섬나라다.
- ライオンは猛獣だ。　　　사자는 맹수다.
- 「タバコ」は外来語だ。　'담배'는 외래어다.

한편, 후자 「BはAだ」는 'B에 해당하는 것은 A이다'라는 의미의 문형이므로 '상위개념인 B에 해당하는 것은 특히 A다'라는, A를 내세워서 B의 대표로 삼는 강한 의식이 작용하고 있다. 그만큼 정의적인 판단이라 할 수 있을 것이다. 마찬가지로 「リンゴ」와 「果物」의 관계를 보자.

- リンゴは果物だ。　사과는 과일이다.
- 果物はリンゴだ。　과일은 사과다.

위의 둘은 의미가 전혀 다르다. 전자는 「リンゴ = 果物」라는 정의에 불과하지만, 후자는 '여기에 있는 것 중에서 과일이라고 말할 수 있는 것은 사과다' 또는 더욱 정의적인 '과일 중에서는 무엇보다도 사과가 제일이다' '과일이라면 사과를 제일 좋아한다' 등의 주장이 된다. 'B 중에서는 무엇보다도 A가 제일이다' 'B에서는 엄밀하게 말하면 A이다'가 된다.

- 今夜のデザートはアイスクリームだ。
  오늘저녁 디저트는 아이스크림이다.

- 日本の代表的な食べ物は寿司と天ぷらだ。
  일본의 대표적인 음식은 초밥과 튀김이다.
- (私の好きな)果物はパイナップルだ。
  (내가 좋아하는) 과일은 파인애플이다.

이것은 '일본의 대표적인 음식이라면 초밥과 튀김이다'의 표현과 거의 같은 의미를 나타낸다.

- 桜はソメイヨシノだ。　　　벚꽃은 왕벚나무이다.
- 生まれは東京だ。　　　　　출생은 도쿄이다.
- 今夜は十五夜だ。　　　　　오늘밤은 보름날밤이다.

그리고 이것이 나아가서 점차로 A·B의 의미관계는 느슨해져 간다.

강조를 나타내는 「が」

그런데 「社長は鈴木氏だ」「今夜のデザートはアイスクリームだ」('B는 A이다')의 B·A의 위치를 바꾸어 놓으면 어떻게 될까? 「は」는 「が」로 바꾸면 된다.

- 鈴木氏が社長だ。
  스즈키 씨가 사장이다.
- アイスクリームが今夜のデザートだ。
  아이스크림이 오늘 저녁 디저트다.

　이 문은 「どなたが社長さんですか(어느 분이 사장님입니까)」 「何が今夜のデザートですか(무엇이 오늘 밤의 디저트입니까)」라는 질문에 대한 대답으로서 돌아오는 말일 것이다. 「どなたが?」, 「なにが?」라는 질문에 대응하여 「鈴木氏が」, 「アイスクリームが」라고

내용을 밝히는 것이기 때문에, 이른바 감추어진 제목을 대답으로 밝히는 문이라고 할 수 있다. 강조의 「が」주어문은 전술한 단순한 「が」주어문과 형태는 아주 똑같다.

- 雨が降ってきた。   　　비가 내리기 시작했다.

위의 문도 마찬가지이다. 빗방울이 떨어지는 것을 깨닫고 「おや、雨が降ってきた(어머, 비가 내리기 시작했어)」라고 말하면 단순한 「が」주어문이다. 「何か降ってきましたよ(뭔가 떨어지기 시작했어요)」라는 말을 듣고, 「雨かしら雪かしら(비야, 눈이야?)」라고 되묻자 「雨が降ってきた(비가 내리기 시작했어)」라고 대답한다면, 「雪ではない。雨が(눈이 아니고 비가)」라는 의미에서 강조의 「が」가 된다. 이러한 타입의 문은 「雨が」(A가)의 주어 부분을 말하고 싶은 것으로 그것만 말하면 그 다음은 말하지 않아도 전혀 지장이 없다.

- (何か)降ってきましたよ。　(뭔가) 내리기 시작했어요.
- 何が？　　　　　　　　　무엇이?
- 雨が　　　　　　　　　　비가

이것은 「降ってきましたよ、雨が(내리기 시작했어, 비가)」의 도치문과 같은 표현의식이며, 강조의 「が」에는 단순한 「が」와는 달리 'A가 B다'와 같이 주어와 술어 사이에 휴지(休止)가 있다. 나아가서 강조의 「が」를 이용한 대답은 감추어진 제목의 내용 공개를 하는 설명적 표현이므로 대부분은 「降ってきたのです(내리기 시작한 거예요)」「降ってきたんです(내리기 시작했단 말이에요)」라는 식의 변명투가 되는 점이 특징적이다.

복문 속의 「は」와 「が」

이상에서는 주어·술어의 일본어문의 세 가지 기본적인 문형에 관하여 서술했는데, 다음에는 좀 더 복잡한 문 형태로 이야기를 진행해 보도록 하겠다.

- 先生は生徒に仕事を頼んだ。
  선생님은 학생에게 일을 부탁했다.

이 문에서 지금 여기에 나오는 각각의 사물(선생님/학생/일)을 골라내서 문말('부탁했다'의 뒤)로 이동시켜 수식 피수식의 문으로 재편성해보면 어떻게 될 것인가?

- 生徒に仕事を頼んだ先生は……
  학생에게 일을 부탁한 선생님은……
- 先生が仕事を頼んだ生徒は……
  선생님이 일을 부탁한 학생은……
- 先生が生徒に頼んだ仕事は……
  선생님이 학생에게 부탁한 일은……

처음 문은 「先生が生徒に仕事を頼んだその先生は……(선생님이 학생에게 일을 부탁한 그 선생님은 ……)」의 의미로서 「先生」

가 이중이 되어버리므로 문두의 「先生」(즉 수식어 중의 주어)가 문장에서 사라지게 된다. 이하의 문에서는 골라낸 명사가 특별히 겹치지는 않으므로 「先生」가 그대로 살아남는다. 다만 문제는 처음의 「先生は」가 「先生が」의 형태로 바뀌어져서 말하게 되는 것이다. 문법적으로 말하면, 연체수식어 속에 위치하게 됨으로써 처음의 「は」가 「が」로 교체된다고 하는 것이다.

쉽게 말하면 원래 문의 주제였던 「先生」가, 문을 변형함으로써 주제의 자리를 「仕事」와 「生徒」에게 비워주고, 그것들이 새롭게 전체 문의 주제로서 「仕事は……」「生徒は……」와 같이 주어로서 군림하게 된다. 결과적으로 처음의 「先生は」는 문의 주제가 아닌 단순한 수식어의 주어에 불과하게 된다. 격하되었다고 생각해도 된다. 이것은 다음 두 문을 비교해보더라도 알 수 있다.

- お父さんが起きたとき体操します。
  아버지가 일어나셨을 때 체조합니다.
- お父さんは起きたとき体操します。
  아버지는 일어나셨을 때 체조합니다.

위쪽의 「が」 문에서는 체조하는 것은 누군가 다른 사람으로 이해된다. 그것은 「お父さんが起きた(아버지가 일어나셨다)」가 하나로 통합되어 「とき」에 걸리는 수식어가 되기 때문에 「体操する」는 「誰々は体操する(누구누구는 체조하다)」라고 또 새로운 주제를 「は」 주어로 내세울 필요가 발생하기 때문이다.

관점을 바꾸면 「が」의 주어는 바로 옆에 있는 술어(「起きる」)와

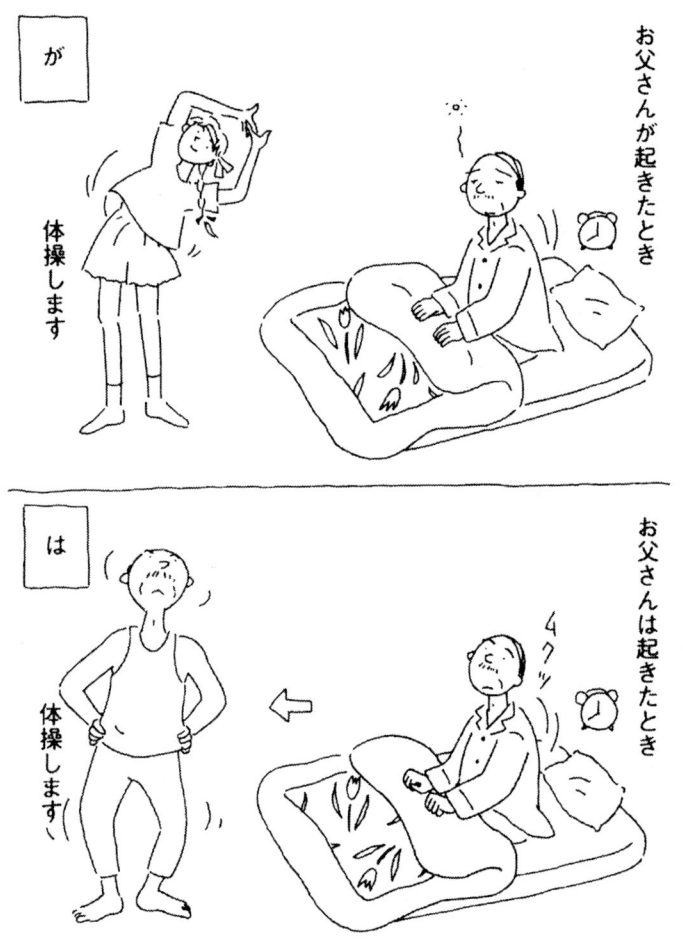

연결되어 수식부분을 뛰어넘을 수가 없다고도 말할 수 있다. 그래도 꼭 문말의「体操する」에 걸리게 하고 싶다면「が」를「は」로 바꾸어 아래의 문과 같게 만들지 않으면 안 된다.「は」주어는 수식부분을 건너뛰어 문말수식에 걸리는 성격이 있기 때문이다. 당연히「体操

する」의 당사자는 「お父さん」 자신이라는 셈이 된다.

위에서와 같이 일반적으로는 "연체수식어 안에서는 「が」를 사용하고 「～は」는 쓰지 않는다"라고 생각하기 쉽다. 그러나 이 결론이 반드시 정론(正論)은 아니다.

이야기가 사적인 일로 흘러서 미안하지만, 필자가 대만의 어느 일본어학강좌의 강사로 근무하고 있을 때, 강연 후 질의에서 청강생인 모씨가 '『は』문이 그대로 수식어가 되었을 경우, 주제의 『は』는 수식 부분을 건너뛰어 문말 술어에 걸립니다. 그러므로 수식어 중의 주어는 절대적으로 「が」가 당연한 것 아닌가요?' 라고 큰 소리로 주장하며 강사인 필자의 공감을 구했다. 그러나 이 질문에는 무턱대고 찬동할 수 없다는 뜻의 대답을 하자, '그렇다면, 「は」가 들어가는 예를 보여 주십시오'라는 요구를 받았다. 그래서 필자는 다음과 같은 예를 들어 설명했다.

'예를 들어서,

● 小型車は通れる。　소형차는 지나갈 수 있다.

라는 문이 있다고 합시다. 지금 이 문을 연체수식어로 만들어서 '흔들 다리를 놓다'에 연결시켜 보겠습니다. 그러면

● 小型車は通れる吊橋を架ける。
　소형차는 지나갈 수 있는 흔들 다리를 놓는다.

가 되겠지요. 이 경우 「小型車は」은 여전히 「通れる」에 걸려 있

는 상태이며, 문말 술어 「架ける」쪽으로 이행해 가지는 않습니다. 즉, 「小型車は通れる」는 단문 그대로도 수식어로 바뀌기는 하지만, 그와는 관계없이 「~は通れる」그대로 고정되어 있다고 하는 것입니다. 「は」가 「が」로 이행해가지 않는 하나의 예라고 할 수 있겠지요'라고 대답했다.

이것은 어째서일까? 답은 간단하다. 이「は」는 대비강조를 나타내는 「は」이기 때문이다.

- (大型車は通れないが) 小型車は通れる。

小型車は通れる吊橋を架ける

(대형차는 지나갈 수 없지만)소형차는 지나갈 수 있다.

'A는 B이고 C는 D이다' 또는 'A는 B이지만 C는 D이다'라는, A와 C를 「～は」로 대비시켜 서술하는 문이 연체수식격으로 오면 아래와 같이 된다.

- (大型車は通れないが) 小型車は通れる吊橋を架ける。
  (대형차는 지나갈 수 없지만)소형차는 지나갈 수 있는 흔들 다리를 놓는다.

이와 같은 대비문에서는 「は」는 「が」로 바뀌지 않는 것이다. 그대로 「は」이더라도 「小型車は…架ける」에서는 아무런 의미도 없기 때문에 문말에 걸린다 해도 걱정할 필요는 없다.

子供は通れる吊橋を架ける

- 子供は通れる吊橋を架ける。
  어린이는 지나갈 수 있는 흔들 다리를 놓는다.

그러나 위와 같이 의미적으로 결부되는 그러한 명사라면 「子供는…通れる」「子供는…架ける」와 같이 두 가지 해석이 성립되어 버린다. 대비의 「は」라 하더라도 의미상 가능하다면 충분히 문말 술어에 걸릴 수 있으며, 동시에 본래의 술어 「通れる」와도 손을 잡은 채 인연을 끊으려고 하지 않는다. 그러므로 이와 같은 문은 두 가지 해석이 성립되는 양의문(両義文)이 되는 것이다. 일종의 애매문이다. 하나의 같은 「は」라도 「子供는…通れる」와 같은 대비강조의식이 담긴 경우와, 「子供는…架ける」와 같이 단지 주제를 나타내기만 하는 평범한 예가 있다고 하는 것에서, 일본어란 정말로 상당히 운치 있는 언어라고 할 수 있을 것이다.

3
술어에 나타나는 특색

「〜は」・「〜が」문과 표현의 성격

国境の長いトンネルを抜けると雪国であった。夜の底が白くなった。信号所に汽車が止まった。
국경의 긴 터널을 빠져 나오자 설국이었다. 밤의 밑바닥이 하얗게 되었다. 신호소에 기차가 멈추었다.

일본인이라면 모르는 사람이 없는 그 유명한 가와바타 야스나리(川端康成)의 '설국(雪国)'의 모두이다. 이 「国境の」로 시작되는 첫 문이 일본어로서 상당히 감칠맛 난다. 「国境」은 「くにざかい(나라의 경계)」라고 읽는다고 하는데 도대체 「国境の長いトンネルを抜ける(국경의 긴 터널을 빠져 나오다)」의 주어는 무엇일까. 상식적으로는 「(私を乗せた)汽車が」일 것이다. 다음에 「信号所に汽車が止まった」라고 되어 있으므로 터널을 빠져 나오는 것은 기차임에 틀림없다.

- (私を乗せた汽車が)国境の長いトンネルを抜けると…

51

(나를 태운 기차가)국경의 긴 터널을 빠져 나오자…

그러나 보충하는 주어가 「～が」이고, 「抜ける」까지가 현상문이 되는 것을 생각하면 여기에서는 전혀 「汽車」에 한정되는 것이 아니다.

- (この私が) 国境の長いトンネルを抜けると…
  (바로 내가) 국경의 긴 터널을 빠져 나오자…

즉, 지금 기차에 타고 있는 작자 자신일 지도 모른다. 국경의 긴 터널을 빠져 나오자 실감한 것은 당사자 자신이며, 스스로의 눈에 비치고 마음에서 느낀 그대로를 직설적으로 나타내는 것이 현상문의 표현의식이기 때문이다. 그러므로 터널을 빠져 나온 순간, 자신의 눈에 비친 창밖의 풍경에 대해 「(そこは) 雪国であった((그곳은) 설국이었다)」라는 솔직한 인식문이 이어지는 것이다.

「～であった」와 「た」문을 사용한 것은 결코 과거나 완료문이기 때문은 아니다. 그런 객관적인 서술이 아니라 「雪国であったよ(설국이었어)」라는 발견의 감동(표현시점에서의 심리상태 그 자체)을 단적으로 서술한 것에 불과하다. 실로 당사자 자신의 입장에서 나온 발상이다.

소설 「雪国」의 모두구상은 그곳이 설국이라는 것을 아는 장면으로서 우선 '국경의 긴 터널을 빠져 나오다'라는 현상을 경험한다. 그 결과 작자는 그곳이 설국이라는 발견에 이르게 된다. 일본어는 「国境の長いトンネルを抜ける」라는 현상도, 그곳이 설국이라는 사실도, 결국은 지금 기차에 몸을 맡기고 있는 작자 자신을 둘러싸고 있는 장면과 상황에서 받아들인 인식으로서 밖에 말로 표현할 수 없다. 자신의 외부세계로서 방관자의 눈을 통해서 「汽車が国境の長いトンネルを抜けていった(기차가 국경의 긴 터널을 빠져 나갔다)」라는 사실, 「辺りは雪国である(주변은 설국이다)」라는 사실을 거리를 두고 객관적으로 서술하는 언어는 아니다. (그것을 객관화하기 위해 언어화해보면 마치 번역 투의 어색한 일본어가 되어버린다. 그런 면에서 일본어는 문학에 안성맞춤인 언어일지도 모른다.)

일본어는 자기의 시점에서 표현을 구성해내는 데 뛰어난 성격을 띤 언어인 것이다. 「私は彼女が来ることを希望する(나는 그녀가 오기를 희망한다)」라든가, 「祖父の死が私を悲しませた (할아버지의 죽음이 나를 슬프게 했다)」 등과 같이 마치 남의 일처럼 방관자적으로 서술하는 언어가 아니다.

- 彼女が来ればいいなあ。　　그녀가 왔으면 좋겠다.
- お爺さんが死んで悲しい。　할아버지가 돌아가셔서 슬프다.
- I'm sad as my grandfather has passed away.[4]

위와 같이 외계의 현상을 자신의 것으로 직접적으로 받아들여 스스로 감정을 토로한다. 일일이 「私は」나 「祖父の死が」라고 주어를 내세워서 표면에 내놓지는 않는다. '좋겠다'라고 느끼고 '슬프다'라고 받아들이는 주체는 오로지 자기 자신으로 정해져 있어 '자신의

---

[4] 「祖父の死が私を悲しませた」의 경우는, My grandfather's death makes (made) me sad. 가 된다.

I'm sad as my grandfather has passed away.*4

눈'으로 모든 현상·모든 사항을 파악한다. 그러므로 극히 자기중심적이며 장면의존형 표현형식이 된다.

술어중심의 일본어

자기중심적이라 하면, 자못 섬나라적 시점이라는 인상이 짙다. 외부(そと)세계와 자신과의 접촉, 또는 합체로서 표현이 성립된다. 자신의 일로서 직접적으로 대상에 뛰어드는 것이며 결코 남의 일을 보는 듯한 차가운 시점이 아니다. 이것은 외계 속에서 발견해내는 대상끼리 경쟁대상으로서 사물을 보는 것이 아니라, 어디까지나 '나(자신)'와 '외계'와의 대립에서 대상으로부터 받는 작용을 자신의 일로 받아들이는 표현의식이라고 해도 좋을 것이다. 다시 말해서 오로지 외부(そと)세계와 자기와의 관계이며 극히 자기중심적인 태도인 것이다.

앞에서의 예「お爺さんが死んで悲しい」도, 「祖父の死が私を悲しませた」와 같은「祖父の死」와 그것을 슬퍼하는「私」와의 사이에서「悲しませる」라는 대상 간의 작용으로서 방관자적으로 서술하지는 않는다. 단지「(死んで)悲しい」라고 자기 자신의 마음을 단적으로 토로하는 것뿐이다. 주어인「祖父の死が」가 술어인「悲しませる」와 결합하여「~がどうする」라는 현상 설정을 하고 그 작용이 목적어인「私を」에 미친다. 이러한 무덤덤한 발상은 결코 하지 않는다.

주어 술어의 대립관계에서 표현을 선택한다든가 선택하지 않는다든가 하는 문제는 단순한 문법형식상만의 문제가 아니라, 그 근저에는 사항·제 현상을 보는 일본인의 시각차이가 나타나 있다고 생각해야 할 것이다.「私」의 감회로서 단지「悲しい」라고 말하면 그것으로 충분하다. 술어만으로 충분히 표현이 가능하다. 애써서 그 원인을 말한다면「お爺さんが死んで(할아버지가 돌아가셔서)」라는 단순한 전제의 상황설명으로 족하다. 주어 따위는 어디에서도 찾아볼 수가 없다.

주어란 화자가 외계로부터 발견한 객관적인 대상으로서 그 대상이「なんである(무엇이다)」「どんなである(어떠하다)」「どうしている(어떻게 하고 있다)」라고 설명하는 수단으로서 말로 나타내는 문법형식이다. 그러나 지금 보아온 것처럼「私」를 중심에 놓고 외계의 제 현상을 자신의 눈과 마음에 비치는 현상으로서, 당사자 측에서 받아들이는 발상에서 주어는 필요하지 않다. 자신의 의식 감정의 토로는 그야말로 직설적인 술어로 표현이 가능한 것이다. 일본어는 주어가 잘 나타나지 않는 언어라고 하는 것도 그 이유에서이며(결코 주어를 생략한 것이 아니다. 원래 주어는 표면에 나타나지 않는 것이다), 관점을 달리하면 술어중심의 언어라고도 할 수 있다.

본서의 첫머리에서 다룬「まもなく名古屋です」라는 차내 안내방송도 실제로 그러하며,「名古屋だ」라는 술어를 중심으로 수식어인「まもなく」가 추가된, 말하자면「述語=文」이라는 형식이 일본어의 특징이라고도 할 수 있을 것이다.

그리고 보면 일본어에는 술어만으로 성립되는 말이 아주 많다.「火事！(불이야!)」「雨！(비다!)」와 같이 한마디로 이루어진 문도 말하자면 명사가 그대로 하나의 술어가 된 것이다.

- あ、わかった！　　　　　응, 알았어!
- 行こうか？/行きますとも！　갈까?/가고말고!
- さっさと帰れ！　　　　　냉큼 돌아가!

- うまい！　　　　　　　맛있다!
- 綺麗だなあ…　　　　　예쁘구나…

모두가 활용어를 표현의 핵으로 술어문을 만들어내고 있다. 이러한 문은 회화문에 특히 많이 사용된다.

일본어에 나타나는 인간관계

나(일인칭)의 입장에서 사물을 파악하고 말을 선택하는 자세는 다양한 표현형식으로 나타난다. 그것도 자기가 자신의 입장에서 사태를 파악하는 태도는 자연히 신체감각적인 태도로 파악하기 쉽다.

- 痛い程よくわかる　　너무나도 잘 이해한다
- 身を切られるような思い　살을 도려내는 듯한 심정
- 死ぬほどつらい　　　죽고 싶을 정도로 괴롭다

자신과 대상·상대방의 괴로움을 자신의 처지와 바꾸어서 받아들이고 있으며, 극히 신체적, 내지는 피부감각적인 수용방식이다. 그 가장 단적인 예를 보자.

- 喉から手が出るほど欲しい
  목구멍에서 손이 나올 정도로 갖고 싶다.
- 手に取るようにわかる
  손에 쥐고 있는 듯이 잘 안다
- 手の切れるような壱万円札

손을 벨 듯한 만 원권

대상을 자신의 손으로 잡고 만져보아야 비로소 안심한다. 그러고 보니 일본어에는 이와 같은 피부감각에 유래하는 표현이 실로 많다.

- 雲をつかむような話   뜬구름 잡는 듯한 이야기
- 濡れ手に粟   젖은 손으로 좁쌀 만지기
- 裸の付き合い   알몸교제

「芋を洗うような混雑(감자를 씻는 듯한 혼잡)」등도 얼핏 보면 감자에 관한 관찰처럼 보이지만 역시 「裸の付き合い」등과 마찬가지로 피부가 맞닿을 듯이 붐비는 모양이라는 의미로, 같은 예일 것이다. 「肌身離さず(몸에 늘 지니고)」「肌で感じる(피부로 느끼다)」등 피부감각을 밑바탕에 깔고 있는 표현은 많다.

인간관계에서도 이와 같은 직접적인 접촉, 당사자끼리라는 일체감을 근저에 깔고 있는 정신적인 유대가 강하다. 객관적인 「相手」대 「私」라는 인간관계가 아니다. 이와 같이 정신적인 복수 인격의 직접적인 접촉이 발상의 기본이 되기 때문에 「私」대 「あなた」는 일체화하여 의식의 경계가 없다.

그리고 보면 일본어에는 「以心伝心(이심전심)」이라든가 「気脈을 通じる(기맥을 통하다)」등의 종류의 말이 아주 많다. 「阿吽の呼吸(아훔의 호흡—씨름에서 쌍방이 동시에 일어나기 위해 호흡을 맞추는 일)」도 일을 함께 하는 쌍방의 마음의 일치·조화이며, 속어인 「ツーカー(척하면 척)」도, 또한 ' おい ' 라고 말하면 ' はい ' 라고 답하는('어이'

라고 하면 '예'라고 대답한다」라는 부부의 회화도 실로 이심전심, 양자의 의식융합이다.「膝詰め談判(무릎을 맞대고 담판)」「額を寄せ合って何やら相談事に余念がない(이마를 맞대고 무언가 상담에 여념이 없다)」등 쌍방이 몸을 접촉하는 것이 마음의 일치·융합으로 연결된다고 하는, 이 또한 신체감각이 표현을 낳는 원점이 되고 있다.

마음으로 마음을 전하는 이러한 화자·청자의 일체화·신체감각의 공통성이 마음의 일치점과 연결되는 일본어의 발상은, 극단적인 언어의 절약으로 연결되어 적은 언어 수로 깊은 내용(마음)을 전달하는 것이 좋다고 여기는 생각을 낳는다. 표현이 지나친 것은「身も蓋もない(지나치게 노골적이어서 맛도 정취도 없다)」라고 표현하여 하나의 말에 깊은 내용을 내포해서 의미의 비중을 극단적으로 확대시킨다. 하이카이(俳諧)가 일본문학 가운데 번성한 이유는 여기에 있다. 때로는 우회적인 표현 완곡성을 이용하기도 하고 문맥과 장면에서 짐작이 갈만한 것은 일일이 말하지 않는 언어의 절약도 이와 마찬가지의 발상이라고 보아도 좋을 것이다.

- ま、よろしく　　그럼, 잘 부탁해
- 適当に　　　　　적당히
- よしなに　　　　좋게 좋게

위와 같이 상대방에게 만사를 일임하는 사상도 여기에서 기인한다고 보아도 좋다.「適当に見繕って出してくれ(적당히 골라서 꺼내줘)」등, 이 얼마나 일본적인가. 이러한 타자 의존 방식은 일본어의

'자신과 상대방'의 일체감의식을 기초로 하는 표현발상과 궤도를 같이하고 있다고 생각하는 것은 필자뿐일까.

술어에 담긴 화자의 마음

일본어는 특히 문말이 중요하다고 한다. 왜일까? 이미 보아온 것처럼 문말은 술어가 위치하는 장소이며, 일본어에서 술어는 핵이 되는 부분이기 때문이다. 그러한 술어이지만, 「なんだ(무엇이다)」「どんなだ(어떠하다)」「どうする(어떻게 하다)」뿐만 아니라 때때로 화자의 의도와 서술 내용에 대한 태도가 첨가되기도 한다. 회사에서 해고당하게 된 동료에 대하여 서술한 다음 예를 보도록 하자.

- 辞めさせられたくなかったらしいわよ。
  해고당하고 싶지 않았던 것 같아.

이것은 자세히 분해해 보면 다음과 같이 된다.

- 辞め させ られ たく なかっ た らしい わ よ。

다시 말하면, 술어 「辞める」에, 사역 「させ」, 수동 「られ」, 희망 「たく」, 부정 「なかっ」, 과거 「た」, 추량 「らしい」, 성별 「わ」, 다짐 「よ」가 순서대로 연결되어 표현 내용에 화자의 심정과 전달의식 등을 하나하나 부가시켜 나간다. 표현자의 마음을 문말에서 집중적으로 나타내는 언어라 해도 좋을 것이다. 그래서 일본어는 끝까지 들

어보지 않으면 상대방이 정말로 무엇을 말하고 싶은지 알 수 없다. 영어 등 근본적으로 언어구조가 다른 언어를 동시통역할 때 이 문제는 정말로 번거롭다고 들은 적이 있다. 주어와 술어를 맨 앞에 나열해 버리는 언어에서는 과거 따위의 시제는 그대로 술어로 나와 버리고, 추량과 부정·희망 등도 일찌감치 문중에 나타난다. 주어중심의 언어이기 때문에 당연한 일이겠지만, 술어중심의 일본어에서는 문말 술어를 말하고 나서 서서히 화자의 표현에 관한 자세한 의식·의도를 조금씩 붙여나간다. 따라서 문의 끝부분이 표현의 핵이 되며, 좀 더 자세하게는 연쇄하는 문의 각각의 문말 부분을 열거해 나가면 대충 알 수 있다. 독해작업에서의 속독법 등은 분명히 이 문말 술어를 찾아내는 작업의 습득을 의도하고 있다. 여기에도 문법학습과 독해학습의 접점이 보인다.

　일본어는 술어의 문말 부분에 이른바 조동사와 종조사를 덧붙여, 서술내용에서 화자의 마음에 색칠을 해나가는데, 그뿐만 아니라 주어에 전후하는 부분에는 비슷한 복선이 깔리게 된다. 진술부사라고 일컬어지는「たぶん(아마)」「おそらく(필시)」「きっと(꼭)」「まさか(설마)」「もし(만약)」「決して(결코)」등이 주어에 앞서서 우선 청자에게 던져지며, 그런가 하면 문두에 나오는「はい(예)」「いいえ(아니오)」「もしもし(여보세요)」「まあ(글쎄)」등 다양한 감동사·응답사의 종류도 이미 뒤에 이어지는 서술 모양을 예고하고 있다고 할 수 있다.

　그 밖에 서술내용을 구성하는「何が(무엇이)」「何に(무엇에)」「何を(무엇을)」「何と(무엇과)」「いつ(언제)」「何で(무엇으로)」등의 문절은 동작주와 상대방·대상·때·방법과 원인 등 모두가 술어에 나타나는 동작과 현상의 모습을 규정하는 데에 불가결한 요소이며, 문법적으로는 술어 부분에 연결되는 성분이기도 하다.

　이와 같이 일본어의 문 구조는 술어에 앞서 나오는 성분이 모두 술어를 향해 수렴되며, 주어조차도 술어 쪽으로 다가간다. 그리고 술어

뒤에는 전술한 바와 같이 의미를 보다 선명하게 하기 위한 말이 부가되어 문 표현을 정밀하게 만들어 나가는 것이다.

4

형용사에 나타나는 일본어의 특색

「～は…が + 감정을 나타내는 형용사」문의 성격

자기중심적인 시점에서 사물을 파악하고자 하는 일본인의 사고방식은 「自己」 대 「対象」의 관계로서 「～は…が述語」구문에 아주 특징적으로 나타난다.

「水が飲みたい(물을 마시고 싶다)」「お金が欲しい(돈을 갖고 싶다)」라고 생각하고, 또한 서술할 때, 그렇게 생각하고 있는 것은 다름 아닌 당사자(자신)이므로 그것을 일일이 「私は水が飲みたい(나는 물을 마시고 싶다)」라든가 「私はお金が欲しい(나는 돈을 갖고 싶다)」라고 말하지는 않는다. 이 문에서는 희망과 욕구의 주체는 당연히 그렇게 표현하고 있는 화자 자신이기 때문이다. 문법적인 용어를 빌리면 이러한 문의 주어는 일인칭에 한정된다는 것이다.

희망과 욕구를 단적으로 청자에게 던지는 언어표현에서는 어디까지나 발화자 자신의 입장에서 서술하는 것이 자연스러우며, 자신을 내세워서 「私は～飲むことを欲している(나는 ～마시기를 원하고 있다)」라고 방관자적으로 서술하지는 않는다. 대개 「～たい」나

「欲しい」 등 이른바 감정형용사표현으로 문을 끝맺으면 자연히 화자 당사자의 그 시점에서의 심정이 된다.

- 故郷が恋しい　　　　고향이 그립다
- 少年時代が懐かしい　소년시절이 그립다
- 蛇が怖い　　　　　　뱀이 무섭다
- 仕返しが恐ろしい　　복수가 두렵다
- 負けて悔しい　　　　져서 분하다
- 話が面白い　　　　　이야기가 재미있다
- 海外旅行が楽しい　　해외여행이 즐겁다
- ゆとりが欲しい　　　여유를 갖고 싶다

동사술어에서도 상태성・자발성이 강한 단어에서는 역시 같은 표현의식이 작용한다.

- 金が要る　　　　　돈이 필요하다
- 富士山が見える　　후지산이 보인다
- 汽笛が聞こえる　　기적소리가 들린다

이것은 당사자인 화자 자신에게 그와 같은 감정・감각 또는 욕구가 저절로 성립되는 상황이라는 점, 그것도 그와 같은 감정・감각・욕구 등을 주장형식으로 서술하는 문인 것이다.(일반적으로 「たい」는 희망의 조동사로 되어있지만, 「食べたい(먹고 싶다)」「飲みたい(마시고 싶다)」「帰りたい(돌아가고 싶다)」와 같이 동작을 나타내는 동사에 붙어서 전체를 하나의 감정형용사와 같은 자격으로 만들고 있다. 결과적으로 동사가 본래 가지고 있는 제3자적인 표현이 화자 자신의 시점 발화로 바뀐다. 그러한 점에서 「たい」는 조동사라고 하기보다는 동사를 형용사화하는 접미사로 보는 편이 합리적이다.)

형용사에 나타나는 자기중심적 표현

감정과 감각을 나타내는 형용사는 그대로 말을 끝맺는 형태로 표현을 마치면, 그 시점에서 화자 당사자의 감회가 된다. 한편, 동작성이 강한 동사에서는 화자 자신까지 포함한 대상 일반에 대해 동작·작용·행위 등의 발생을 인정하는 판단문이 되기 쉽다.

- 故郷が懐かしい。　　　고향이 그립다.

위에처럼 말하면 지금 고향을 그립다고 생각하고 있는 표현자 자신의 감회이다.

- 故郷を思う。　　　고향을 생각한다.

하지만 이렇게 표현하면 생각하는 주체는 반드시 표현자 자신이라고는 할 수 없으며 제3자라도 전혀 지장이 없다.

- 私は故郷を思う。　　나는 고향을 생각한다.
- 彼は故郷を思う。　　그는 고향을 생각한다.
- だれでも故郷を思う。　누구라도 고향을 생각한다.

「たれか故郷を思わざる(누가 고향을 생각하지 않으리오)」에서 「思う」와 같은 동사술어에서는, 예를 들어 말을 맺는 형태라 하더

라도 일인칭주어에 한정된다고는 볼 수 없다. 인칭에 제한이 없다고 하는 것은 동작 주체(계속 생각하고 있는 본인)를 단순한 대상으로서 바라본다는 것이다. 여기에서 화자는 계속 그와 같은 방법으로 대상을 파악하고 있는 것이다. 동사의 이와 같은 성질 때문에 감정·감각 형용사의 경우라 하더라도 동사화함으로써 그 주체를 객관화할 수가 있다. 「懐かしい (그립다)」라면 「懐かしがる(그리워하다)」라고 접미사 「がる」를 붙여서 품사를 전성시키는 것이다.

- 彼らは盛んに故郷を懐かしがる。
  그들은 마음 깊이 고향을 그리워한다.

마찬가지로 「痛い(아프다)」라면 「痛い！(아파!)」라고, 화자 자신의 즉각적인 감각을 언어로 표현하지만, 「痛がる(아파하다)」라고 동사로 바꿈으로써 3인칭 주체에 사용할 수가 있다. 「(私は)痛い((나는) 아프다)」와 「彼は痛がる(그는 아파한다)」의 차이는, 전자가 자기 자신의 내부의 감각표명이라면, 그와는 대조적으로 후자는 감각을 느끼는 존재를 자신의 밖에 놓고 그 대상의 상황을 바라보면서 서술하는 방관적 태도의 서술이 된다는 것이다. 내부(うち)의 감정·감각과 외부(そと)상황과의 차이, 즉 주체적인 것과 객관적인 것의 차이로 집약된다.

화자 자신의 '내부(うち)'의 상태는 감정·감각형용사에 의해 표명되지만, '외부(そと)'에 해당하는 대상에 대해서는 다양한 표현방법이 존재한다. 「がる」의 부가(동사화)도 그중의 하나이다. 가장 일반적인 방법은 「の(것)」를 넣어 감정을 외부의 하나의 사실로 표현하는 것이다.

- 彼は故郷が懐かしい<u>の</u>だ。　　그는 고향이 그리운 것이다.

　동사와 형용사, 형용동사 등 용언의 술어에「の」를 부가하면, 이제는 화자의 주장과 판단(내측(うち)으로부터의 의식)이 아니며, 구 전체가 하나의 사상, 즉 체언에 상당하는 자격으로 바뀌어 화자의 '외부(そと)의 대상', 다시 말해서 일반적인 사건으로서 표현된다. 이 예에서 보면 '그리운 것'은 더 이상 화자의 의지에 의한 표명이 아니며, 대상의 하나의 모습 '그에게 고향이 그리운 존재'라고 판단한다. 어디까지나 외부(そと)세계의 문제이므로 그리워하는 것에 화자의 책임은 없다.

「なぜ泣くのですか」　　왜 우는 거죠?
「故郷が恋しいのです」　　고향이 그리워서요.

　위의 문도「故郷が恋しい」에서는 내측(うち)의 심정표명에 불과하지만,「のです」가 붙음으로써 화자의 심정의 지배를 떠나서 "외부(そと)의 바꾸기 힘든 사항으로서 '그것이 그리운 상태라는 점'을 받아들이지 않을 수 없다"라는 판단으로 바뀐다.「～のです」의 문형이 때때로 이유 설명의 변명투 문장에 나타나는 것은 이러한 이유 때문이다.
　「のです」의 부가 이외에도 주체의 감정·감각을 객체화하는 방법은 있다.

- 彼は故郷が懐かしい<u>らしい</u>。　　그는 고향이 그리운 <u>것 같다</u>.
- 彼は故郷が懐かしい<u>ようだ</u>。　　그는 고향이 그리운 <u>듯하다</u>.
- 彼は故郷が懐かしい<u>とみえる</u>。　그는 고향이 그리운 <u>것처럼 보인다</u>.
- 彼は故郷が懐かしい<u>はずだ</u>。　　그는 고향이 그리울 <u>터이다</u>.
- 彼は故郷が懐かしい<u>そうだ</u>。　　그는 고향이 그립다고 <u>한다</u>.

위와 같이 추량과 전문 등의 조동사에 의해 대상에 대한 화자의 불확실한 판단표현으로 바꾸어 말하는 것이다. 「がる」를 붙여서 동사화한다. 「のです」로 객체화한다. 또는 추량과 전문표현으로 바꾸어 3인칭 주체로 바꾼다. 이 모두가 내측(うち)으로부터의 발로를 외측(そと)세계의 파악으로 전환시키는 수단이지만, 자칫 잘못하면 이것은 정말로 이상한 일본어가 되므로 주의해야 한다.

일찍이 중일 국교회복 20주년 기념 심포지엄의 강사로 초청 받아 북경에 갔을 때의 일이다. 북경시내의 모 반점(호텔)에 숙소를 정했는데, 그곳에 '빈객지남(賓客指南)'이라는 숙박고객에 대한 서비스 안내 인쇄물이 있어서 무심코 펼쳐 읽어보니 다음과 같은 문이 쓰여 있었다.

お客さんはどんなことでも、各階の服務員はうれしくやれます。そのとき、電話をください。
고객은 어떤 일이라도 각 층의 종업원은 기쁘게 할 수 있습니다. 그 때 전화를 주십시오.

이것은 아마도 「お客さんのどんな苦情でも、各階の服務員

は喜んで致します。その折には、電話をください。(고객의 어떠한 불만이라도 각 층의 종업원은 기꺼이 처리해 드리겠습니다. 그 때에는 전화를 주십시오.)」라는 것일 것이다. 재미있는 것은 「喜んで致します(기꺼이 처리해 드리겠습니다)」라고 해야 될 것을 「うれしくやれます(기쁘게 할 수 있습니다)」라고 썼다는 점이다. 이미 서술한 바와 같이 「うれしく」라면 이 문장을 만든 당사자 자신의 감정(내적(うち)인 관계)이 되어 버린다. 하지만 여기서는 종업원이 처리한다고 하는 것이기 때문에 제3자(외적(そと)인 관계)의 일로서 「喜んで」라고 하지 않으면 안 된다. 이와 같이 어휘를 구분해서 사용하는 것은 특히 외국인에게는 어려운 일일 것이다. 지배인을 불러서 알려주는 것이 친절한 일이었을지도 모른다.

표현형식에 나타나는 자신·타자의 용법

내부(うち)와 외부(そと)의 차이는 그저 감정·감각을 나타내는 형용사에 한정되는 것은 아니다. 특히 일본어의 각종 언어표현 중에는 이와 비슷한 '주체의 인칭에 따른 용법'을 볼 수 있다.

- 「涙が出るほどうれしい」　　　눈물이 나올 정도로 기쁘다.

위와 같이 말하면 당연히 「私は」이지만, 아래 경우에는 그 주체가 제3자로 재빨리 변신한다.

- 「涙を流さんばかりに喜んだ」　　눈물을 흘릴 정도로 기뻐했다.

이것은 「うれしい」와 「喜ぶ」의 차이이며, 형용사와 동사의 차이에 의한 것처럼 보이지만, 다음 예와 같은 경우에는 어떨까?

- 「痛いほどよくわかる」　　아플 정도로 잘 안다.
- 「腰が抜けるほど驚いた」　허리가 삐끗할 정도로 놀랐다.

이것도 제3자의 일이라면 아마도 「腰を抜かさんばかりに驚いた(허리가 삐끗할 정도로 놀랐다)」라고 말하는 편이 자연스러울 것이다. 처음의 「痛いほど」의 예는 다르게 바꾸어 말할 방법이 없다. 이전에 어느 외국인유학생이 쓴 작문을 예로 들어 보자.

- 彼は恥ずかしくて、穴があったら入りたいです。
　그는 부끄러워서 구멍이 있다면 들어가고 싶습니다.

「穴があったら」라는 관용구도 본래 일인칭주체의 자신의 감정에 사용하는 말일 것이다. 그래도 제3자의 일에 사용하고 싶었다면, 아래와 같이 전체를 수식어로 만들어서 설명적인 문으로 바꾸지 않으면 안 된다.

- 彼は恥ずかしくて、穴があったら入りたい思いだった。
　그는 부끄러워서 구멍이 있다면 들어가고 싶은 심정이었다.

수식어로 바꾸는 것은 앞에서의 「の」에 의한 체언상당구로 전환하는 것과 마찬가지로 표현을 객체화하는 역할이 있다.

- 喉から手が出るほど欲しい。
  목구멍에서 손이 나올 정도로 갖고 싶다.
- 死ぬほどつらい。
  죽을 만큼 괴롭다.
- 手に取るようにわかる。
  손에 쥐듯이 잘 안다.

위와 같이 그대로 끝맺는 형식에서는 형용사나,「わかる」와 같은 상태 동사로 연결되는 관용표현은 화자 자신의 감정과 의식이 된다.

- ～(て)たまらない　　～(해서) 참을 수 없다
- ～(て)しかたがない　～(해서) 하는 수 없다
- ～ずにはいられない　～하지 않고는 못 배긴다
- ～ないではいられない　～하지 않으면 못 견딘다
- ～てもらいたい　　～해 주었으면 좋겠다
- ～てほしい　　　　～해 주었으면 한다

그 외에 문말표현도 일인칭감정(내부(うち)관계) 전용의 말이다. 위의 예는 모두 자신의 걷잡을 수 없는 감정과 본능에 가까운 내부감각에 바탕을 둔 상황표현이기 때문이다. 자기의 감정·지향·욕망 등과 타자의 현상―내부(うち)와 외부(そと)를 구별하는 것이 일본어라고 할 수 있다.

5

부사의 정의성

일본어 부사의 특징

자신의 감정과 지향·욕망 등 '내부(うち)에 발생하는 것'에 바탕을 둔 말을 표현의 중요한 핵으로 삼는 일본어에서는, 그러한 단어를 일본어 어휘 도처에서 볼 수 있다. 그 하나의 예로 여기에서는 부사의 특질에 관하여 살펴보도록 하겠다.

부사는 한마디로 말하면, 동사와 형용사를 수식하는 말이지만(부사 자신에 걸리는 단어도 다소 볼 수 있다), 이와 같은 형식적인 문법의 틀을 깨고 더욱 생동감 넘치는 언어를 사용하기 위해 의미 면에서 이것을 살펴보면, 다음과 같이 될 것이다.

우선 명사는 동사와 형용사 등에 의해 수식 받고 사물을 지시한다고 하는 점에서 가장 구체적인 어휘이다. 그에 비해 명사를 수식하고 그 속성과 상황·상태를 나타내는 동사·형용사의 종류는 의미적으로 보다 추상적이라 할 수 있다.

- セーター(스웨터) → 買うセーター(사는 스웨터)

- 飲み物(음료수)　　→　おいしい飲み物(맛있는 음료수)

「買う」와 「おいしい」는 구체적인「セーター」와 「飲み物」를 설명한다고 하는 점에서 약간 추상적이다. 그리고 그 동사와 형용사에 걸리는 부사는 그 수식성분 중의 또 다른 수식어이므로 한층 추상도는 깊어진다.

「よい問題(좋은 문제)」의 「よい」는 '양호한'이라는 구체적인 의미를 지니고 있지만, 이것을 한 단계 올려서「よくわかる問題(잘 아는 문제)」라고 하면, 이미 '양호'도 '선량'도 아닌 '충분히' '아주'라는 지극히 추상적이고 단순한, 정도를 강조하는 의미로 바뀌어 버린다. 「わかる」와 같은 상태성 어휘가 아닌, 보다 동작성이 강한 동사에서는 「よく行く店(잘 가는 가게)」의 예에서 볼 수 있듯이 '자주'의 의미로, 이것도 외출 행위에 대한 횟수 면에서의 정도 강조가 된다.

부사는 본래 추상적인 의미의 어휘이다. 그러나 이것은 어휘 전체 중에서 상대적인 경향에 불과하며, 그렇다고 해서 부사가 의미적으로 완전히 무미건조하고 쓸모없는 것인가 하면, 아무래도 그렇지는 않은 것 같다. 역시 일본어는 일본인의 감성에 맞추어서 일본어다운 맛이 가미되어 있어서 흥미롭다. 예를 들어 앞의 예에 적당한 부사를 붙여 보자.

- 買うセーター　　→　せっかく買うセーター
  (사는 스웨터)　　　(모처럼 사는 스웨터)
- おいしい飲み物　→　やっぱりおいしい飲み物
  (맛있는 음료수)　　(역시 맛있는 음료수)

せっかく買うセーター

    그 행위와 상태에 대한 화자의 감정이 갑자기 문맥에서 얄미울 정도로 잘 나타나기 때문에 신기한 일이다. 물론 이것은 모든 부사에서 볼 수 있는 것은 아니지만 일본어에 이와 같은 감정뉘앙스가 풍부한 말이 상당히 많다는 것은 반가운 일이 아닐 수 없다.

    예문의 「せっかく(모처럼)」에는 "이왕 사는 것 아무튼 될 수 있으면 플러스가 되는 좋은 것을 사고 싶다"라는 당사자의 심리가 담겨 있다. 그것이 표현문형 면에서「せっかく……するからには (모처럼……할 바에는)」「せっかく……した以上は(모처럼……한 이상은)」 또는 「せっかく……したのだから(모처럼……했으니까)」라는 하나의 표현을 만들어 낸다. 어느 것 하나 심리묘사를 하고 있지는 않지만, 단지 「せっかく」라고 말함으로써 화자의 마음의 내부(うち)가 드러나 있으므로 일본어는 훌륭하다.

    「やっぱり(역시)」의 경우에도 마찬가지이다. "たぶんおいしか

ろう(아마 맛있을 것이다)"라는 예측 하에 그 음료수를 마셔보고는 아니나 다를까 하고 납득하는 '예측의 적중'심리가 작용하고 있다. 행위이전에 화자의 마음을 지배하고 있는 외부(そと)의 대상에 대한 예측심리(=내측(うち)모양)가 이렇게도 훌륭하게 묘사되어 있다는 것은 놀라운 일이다.

　이와 같은 일본어의 부사 속에 감추어진 감정의 그림자를 올바르게 이해하지 못하면 일본어의 진정한 면을 알 수 없다. 화자의 감정·심리를 이만큼 깊이 내포하고 있기 때문에 부사를 사용할 때는 세심한 주의가 요구된다. 참으로 섬세한 것이다. 바꾸어 말하면 부사는 사용법 하나로 문장·담화에 생생한 생명을 불어넣을 수도 있고, 자칫 잘못하면 진부하고도 평범하기 그지없는 표현으로 빠지기 쉽다. 당사자의 '내부(うち)의 감정'이 '외부(そと)'(대상·상대방인 청자)로 향하게 되는 표현상의 몇 가지 측면 중의 하나라고 해도 좋을 것이다.

부사가 나타내는 화자의 심리

여기에서는 특히 내부(うち)・외부(そと)의 관계와 깊이 관련 있는 일본어 부사를 몇 개 소개하고 그것이 부사가 지닌 감정표현에 공헌하고 있다는 사실을 소개하고자 한다.

앞에서의 「せっかく」의 경우에나 「やっぱり」의 경우에도 그러하지만, 이러한 정태부사(情態副詞)에 공통적으로 말할 수 있는 것은 외부(そと)의 대상(그것은 사물이기도 하고 사항이기도 하며, 행위이기도 하는 등)에 대해, 화자 자신이 그것을 받아들이는 심리적인 색채가 언어의 그림자처럼 항상 따라다닌다는 점이다.

「せっかく」에는 사태에 수반되는 결과에 대해 화자가 어떤 가치를 부여해서 "그 가치를 충분히 살리고 싶다" 또는 "그 가치가 충분히 살려지지 않았다" 그 일에 대해 의욕을 느끼기도 하고 안타까워하기도 하는 화자의 심리적인 면이 유감없이 발휘된다. 외부(そと)에 대한 내부(うち, 화자 자신의 심경)의 연관을 말로 표현한 것이라는 점을 제외한다면 이러한 말은 해석도 이해도 할 수 없을 것이다.

다음에 드는 예는 아쿠타가와 류노스케(芥川龍之介)의 유명한 「蜘蛛の糸(거미줄)」에서 인용한 것인데 지옥에 떨어진 간다타가 극락에서 내려온 한 줄의 거미줄을 타고 위로 위로 올라갈 때의 장면이다.

自分一人でさへ断れさうな、この細い蜘蛛の糸が、どうしてあれだけの人数の重みに堪へることが出来ませう。もし萬一途中で断れたと致しましたら、<u>折角</u>ここまでのぼつて来たこの肝腎

な自分までも、元の地獄へ逆落しに落ちてしまはなければなりません。

(芥川龍之介『蜘蛛の糸』)

자신 한 사람의 무게조차도 견디지 못할 것 같은 이 가느다란 거미줄이 저렇게 많은 사람의 무게를 어떻게 견딜 수가 있을까요? 만에 하나 도중에 끊어지기라도 한다면 모처럼 여기까지 올라온 가장 소중한 자신까지도 원래의 지옥으로 거꾸로 떨어져버리게 됩니다.

(아쿠타가와 류노스케『거미줄』)

겨우 여기까지 올라온 간다타, 잘하면 이 무서운 지옥에서 빠져나갈 수 있을 것 같은 실마리가 막 보이기 시작하려던 바로 그때에 희망을 절망으로 떨어뜨리는 듯한 현실의 그 낭패스러움이「折角」라는 한마디에 집약되어 있는 게 아닌가.「せっかくの努力も水の泡だ(모처럼의 노력도 물거품이다)」「せっかく行くのだから、ついでにデパートへも寄ろう(모처럼 가는 것이니까 가는 김에 백화점에도 들르자)」 모두 다 언어의 배후에 화자의 가치의식이 그림자처럼 따라다닌다.「やっぱり」의 경우에도 마찬가지이다.

- やっぱり蛙の子は蛙だ。僕らとは出来が違う。
  역시 부전자전이다. 우리들과는 질이 다르다.

- やっぱり僕が予想したとおり彼は床に伏せっていた。
  역시 내가 예상했던 대로 그는 자리에 누워 있었다.

과거의 상태에서 유추하여 대상의 현재 모습은 이럴 것임에 틀림

없다고 머릿속으로 그려보고, 그것이 현실에서의 예측과 일치했을 때의 발화이다. 그러므로 이것도 '내부(うち) 대 외부(そと)'의 관계, 대상의 모습에 대한 화자 자신의 관념을 척도로 하지 않으면 나오지 않는 심리적인 발화라고 할 수 있을 것이다. 「やっぱり」와 비슷한 「相変わらず(여전히)」에 관해서도 역시 마찬가지이다. 「相変わらず床に伏せっていた(여전히 자리에 누워 있었다)」라고 말하면, 현재까지의 시간의 경과를 생각하면 대상에 변화가 생겼어도 좋을 텐데, 이쪽의 예상(내부(うち)의 관념)과는 정반대로 상대방은 이전과 마찬가지 상태로 변함없이 자리에 누워있었다는 불변화 상태(외부(そと)의 모양)를 서술하는 말이므로, 이것도 외측에 대한 내측의 심리에 바탕을 둔 부사라 할 수 있다.

어쨌든 일본어의 부사에는 이와 같은 심리적 색채가 풍부한 말이 많다. 「案の定(아니나 다를까), てっきり(영락없이), なるほど(과연)」 예측을 전제로 한 현상파악이다. 「さぞ(필시), きっと(꼭), おそらく(아마도), ひょっとすると(어쩌면), どうやら(아무래도), よもや(설령), まさか(설마), もしや(만약에)」 등에서 볼 수 있는 현재와 과거를 바탕으로 한, 미래를 예측한다거나 가상한다거나 하는 부사이다. 이것도 대상을 향한 화자의 심리적인 파악을 바탕으로 삼고 있다. 열거하자면 한이 없을 만큼 아직도 예는 얼마든지 있다. 앞에서 든 「せっかく」와 「わざわざ(일부러), あいにく(공교롭게도), なまじ(섣불리), せめて(적어도), いっそ(차라리), どうせ(어차피), とても(참으로), ゆめゆめ(추호도)」 등 모두 다 외부(そと) 대상을 향한 흉중의 심리적인 시선을 읽어내지 못하면 화자의 진정한 마음을 읽어낼 수가 없는, 극히 일본적인 표현법이라고 할 수 있

을 것이다. 이시카와 다쿠보쿠(石川啄木)의 시를 보자.

なにとなく、
案外に多き気もせらる、
自分と同じこと思ふ人。　　　　　（『悲しき玩具』）

무심코,
뜻밖에 많은 생각을 하게 된다.
자신과 같은 것을 그리워하는 사람.　　　（『슬픈 완구』）

이 「案外に」에 담긴 다쿠보쿠의 심리, 「自分と同じこと思ふ人」와 크게 다를 바 없다는 점이 일종의 안심감으로 연결되는 것인지 불안감을 부추기는 것인지는 모르겠지만, 「案外に」라고 읊음으로써 세간 사람들(외부(そと)의 모습)에 대한 자신(내부(うち) 존재)의 예측, 대상과 자신 간의 다리를 만들고 있다.

다리라 하면, 사이토 모키치(斎藤茂吉)의 『가모야마고(鴨山考)』의 다음 글에서 볼 수 있는 「なるほど」 등은 대상이 나타내는 현상을 자신이 전부터 마음속으로 그리던 이미지와 결부시켜서 주관적인 결론으로 이끄는 부사의 효과를 실로 유감없이 발휘하고 있는 좋은 예라 할 수 있다. 『만요슈(万葉集)』에 나오는 가키노모토노 히토마로(柿本人麻呂)가 세상을 하직하면서 지은 시를 보자.

鴨山の岩根し枕ける(ま)われをかも知らにと妹が待ちつつあらむ。
내가 가모야마의 큰 바위에 누워 죽어가고 있는 줄도 모르고 아내는 기다리고 있겠지.

이 아래의 시는 히토마로의 죽음을 안, 그의 아내로 추정되는 요사미노 오토메(依羅娘子)의 시이다.

今日今日とわが待つ君は石川の貝に交じりてありといはずやも
이제나 저제나 하고 내가 기다리는 당신은 이시카와의 여자와 지낸다는 이야기가 있는데

直の逢ひは逢ひかつましじ石川に雲立ち渡れ見つつ偲はむ。
직접 만나려 해도 만날 수는 없겠지. 이시카와에 구름아 일어라. 바라보며 님을 그리워하겠노라.

모키치는 히토마로가 은거하며 여생을 보낸 곳을 이미지화하여, 실제로 숨을 거둔 그곳을 찾아 나섰을 때의 상황을 묘사한 것이다.

粕淵を過ぎて濱原に入らうとするころから江ノ川を眼界に入れつつ、川上の濱原、瀧原、信喜、澤谷の方に畳つてゐる山を見るに、なるほどこれは「石川の峽」に相違ないといふ気持が殆ど電光のごとく起こつたのであった。　　　　　（『鴨山考』）

가스부치를 지나서 하마하라에 들어서려고 할 무렵부터 고노가와를 시야에 넣고, 강 상류의 하마하라, 다키하라, 시키, 사와타니 방향으로 첩첩이 겹친 산을 바라보니, 과연 이것은 '이시카와의 협곡'임에 틀림없다는 기분이 거의 전광처럼 일었던 것이었다.　　　（『가모야마고』）

실로 「なるほど」란, "그랬구나. 역시 그래. 틀림없어. 이것으로 납득할 수 있어. 대상의 모습으로 보아서 충분히 이해가 갔다"라는 극히 주관적인 판단을 이끄는 말이다(그러므로 학술적인 논설문에는 어울리지 않는 부사이지만).

부사의 뒤쪽에 그림자처럼 따라다니는 이와 같은 정의성(情意性)은 단지 정태부사에만 한정되는 것은 아니다. 정도부사나, 진술과 관련되는 부사에서 조차도 정도 차이는 있지만, 볼 수는 있는 현상이다. 「インドよりアフリカのほうが<u>ずっと</u>遠い。(인도보다 아프리카 쪽이 <u>훨씬</u> 멀다)」라든가 「<u>もっと</u>遠い(더 멀다)」의 비교 표현이 그것이다. 「はるかに(까마득히)」라는 정도강조에 담긴 이 감정성은 2자 대비라는 이론을 뛰어넘은 마음의 깊이이다. 진술과 호응하는 「<u>決して</u>嘘は申しません(<u>결코</u> 거짓말은 하지 않겠습니다)」의 경우도 문법서에서 설명하고 있는 것과 같은 부정을 예고하는, 단순한 문법현상의 표현이라는 무미건조한 용법이 아니다. 「二度と決して(두 번 다시 결코)」라고 마음속으로 강하게 의식하는 내부 심리에서 나온 말이다.

- 断じて許せない
  결단코 용서할 수 없다.
- とうてい嘘とは思えない
  도저히 거짓말이라고는 생각되지 않는다.
- 謀反の心などもうとう無い
  배반할 마음은 털끝만큼도 없다.
- ろくに挨拶もしない失敬な奴……

제대로 인사도 안 하는 무례한 녀석…….

어느 예를 보더라도 모두 다 화자의 내면심리가 짙게 내비쳐지고 있다.

6
어감과 평가

'쾌' '불쾌'의 표현과 어감

언어에는 상대방에게 전달해야 할 '의미'가 내포될 뿐만 아니라 화자의 다양한 감정이 플러스알파로 따라다닌다. 앞장에서 언급한 '부사의 정의성'도 그러하지만 여기에서는 더욱 일반적인 '어감'과 '지시내용에 대한 평가' 문제를 살펴보기로 하자.

우리들이 어떤 사물이나 사항을 표현할 경우에, 그 대상의 좋고 나쁨과는 별도로 그 대상을 어떻게 대우하고 어떠한 어휘 선택과 표현 형식을 취할 것인가, 그 방법 여하에 따라 청자가 받는 인상도 크게 달라진다. 예를 들어 똑같이 용변을 보는 장소라 하더라도 「便所(변소)」라고 하면 어딘지 모르게 지저분한 느낌이 들지만, 「トイレ(화장실)」라고 하면 왠지 모르게 깨끗한 청결감이 수반되기 때문에 참으로 신기하다.

이러한 '쾌' '불쾌'의 감각뿐만 아니라, 어휘 그 자체의 품위에서 유래하는 이미지의 좋고 나쁨도 간과할 수는 없다. 「てめえ(너)」라고 말하면 품위 없는 천한 말이지만, 「あなた(당신)」의 경우에는 품위가 한층 올라간다. 언어 사용에 관한 품격의 상하도 어휘가 청자에게 주는 인상으로서 중요하다. 일본어는 특히 이러한 동의어가 풍부하여 사용하기에 따라서 아름다운 일본어가 되는가 하면, 귀에 거슬리는 표현이 되기도 하므로 주의를 요한다. 「亡くなった(돌아가셨다)」라고 하면 듣기 좋지만, 「くたばった(뒈졌다)」라고 하면 화자의 교양수준까지 헤아릴 수 있어 실망스럽기까지 하다.

'쾌' '불쾌'의 감각이 각각의 지시대상에 대한 인상의 결과인 것과는 반대로, 언어의 품격 면은 어디까지나 사용자 측 책임이며 어떠한 표현형식을 사용하는가는 대상을 받아들이는 사람 쪽 문제이다.

이러한 표현자의 선택 책임이 가장 두드러진 예로서 대상에 대한 평가방법을 들 수 있을 것이다. 예를 들어 「真面目(성실)」라고 말하면 아주 좋은 인상을 가질 테지만, 같은 상황을 「くそ真面目(더럽게 고지식함)」나 「ばか真面目(미련스럽게 고지식함)」라고 말한다면 대상에 대한 평가는 현저하게 떨어진다. 원래 외부(そと)의 존재인 표현 대상에 대하여, 내부(うち)인 화자 자신의 파악방법이 표현 결과를 좌우하기 때문이다. 이와 같이 한마디로 '어감'이라 하더라도 대상과 그것을 받아들이는 표현자와의 관계에서 크게 세 단계로 나뉜다. 게다가 그 어느 단계의 표현을 선택하는가에 따라 여러 종류의 어휘가 준비되어 있으므로 일본어는 어렵다고 하겠다.

「くそ真面目」나 「ばか真面目」와 같은 가치하락을 초래하는 접두사가 붙는 말은 그래도 괜찮다. 들으면 마이너스 평가라고 금방 알 수 있기 때문이다. 하지만, 예를 들어 「田舎(시골)」라고 했을 때, 그것을 들은 사람이 어떻게 이미지화 하는가는 듣는 사람에 따라 달라질 것이다. 단지 이것을 「都会(도회지)」와 「田舎(시골)」라고 늘어

놓으면 아무래도 「田舍(시골)」에는 「田舍者(시골뜨기)」라든가 「田舍臭い(촌스럽다)」 등의 세련되지 못한 감각이 따라다닌다. 그래서 '지방(地方)'과 같은 한자어를 차용하게 되는데, 이것은 본래 '동북지방'이라든가 '지방자치' 등의 어떤 지역을 지칭하는 말로서 「地方色豊か(지방색이 풍부하다)」와 같이 오히려 좋은 이미지로서 사용되어왔다. 그것이 「田舍」의 대용으로 사용되면서 점점 가치가 하락한 것이다. 대신 「ローカル(로컬)」와 같은 외래어가 등장하여 「ローカルカラー(로컬컬러)」와 같은 왠지 멋있는 이미지가 창출된다는 것은 놀라운 일이다. 아무래도 일본인은 가타카나어에 약한 듯하다.

이야기를 앞으로 돌리도록 하자. 어감의 가장 소박한 단계는 '쾌/불쾌'의 감각을 청자에게 부여하는 어휘인데, 그 좋은 예로서 온도를 나타내는 형용사를 생각해보고자 한다. 잘 알고 있는 바와 같이 일본어는 온도에 관한 어휘가 풍부하여, 같은 「あつい(온도가 높다)」라는 말에도 「暑(덥다)」와 「熱(뜨겁다)」가 있다. 그것도 「暑」의 반대는 「寒い(춥다)」이며, 「熱」의 반대는 「冷たい(차갑다)」로, 어휘의 형태를 달리하고 있어 일본어의 온도에 대한 까다로움에 놀라게 된다.

「熱い/冷たい」는, 앞에서의 '변소'의 예와는 달리 반드시 불쾌감이라고는 단정할 수 없다. 더운 여름날에 마시는 시원한 맥주와 추운 겨울밤에 마시는 따뜻한 홍차는 누구에게나 쾌감임에 틀림없다.

한편, 그 반대로 추운 겨울에 차가운 맥주와 냉홍차를 마셨다면 이것은 두말할 것 없이 불쾌한 기분일 것이다. 요컨대 대상 그 자체의 문제보다도 그것을 받아들이는 사람 쪽의 문제이다. 본래 「熱い/冷たい」에는 '쾌/불쾌'의 어감은 수반되지 않는다. 계절에 따른 대상

평가의 차이에 불과할 것이다. 그런데 같은 온도 형용사라 하더라도 「ぬるい(미지근하다)」나 「生ぬるい(미적지근하다)」, 나아가서는 기온이 「生暖かい(후텁지근하다)」「蒸し暑い(무덥다)」 등의 경우, 이것은 아무래도 절대적으로 불쾌감을 나타내는 형용사이다. 온도는 아니지만 「手ぬるい(미온적이다)」「ゆるい(느슨하다)」「たるい(늘어지다)」「だるい(나른하다)」「ずるい(능글맞다)」 등 감각적으로 경원시하는 마이너스 이미지의 어휘가 이 얼마나 많은가. 우리들은 이러한 감각컬러에 물든 어휘를 구사하여 표현에 어감의 색채를 물들여 자유롭게 맛을 가미해간다. '플러스/마이너스'의 평가에서도 마찬가지이며, 대상을 어떻게 해석하고 받아들이는가는 어디까지나 표현자의 자유 재량에 맡겨진다. '대범(鷹揚)'이나 '배짱(太っ腹)'이라면 듣기 좋지만, '구두쇠(けちん坊)'의 경우에는 좋지 않은 평가를 주게 되므로 대상(외부(そと)존재)보다 표현자(내부(うち)의 모습)의 문제이다. 「おとなしい(얌전한)」 아이에게 「引っ込み思案(소극적이다)」이라는 별명이 붙여지고, '활발함'이 '말괄량이'나 '개구쟁이'라는 판정을 받는다. 물론 플러스평가 어휘도 있어서 「しとやか(차분하다)」나 「つつましい(조신하다)」라고 하면 우선 좋은 상태임에 틀림없다.

    어감이라 하면, 사람들은 무조건 어휘 그 자체가 가지고 있는 어떠한 느낌, 기분 좋게 들린다든지 귀에 거슬리는 음형태 등을 생각하기 쉽다. 「桜がはらはらと散る(벚꽃이 팔랑팔랑 떨어진다)」의 「はらはら(팔랑팔랑)」는 좋은 어감이지만, 「石つぶてがぱらぱらと落ちてくる(돌멩이가 후드득후드득 떨어진다)」는 좋지 않다고 하는 음성상의 문제이거나, 또는 「猿(원숭이)」를 「ましら」라고 하면 어감이 몇 단계 위로 올라간다고 하는 식이다. 후자는 아어(雅語)의 효용으로서「死ぬ(죽다)」라고 할 것을「みまかる(서거하다)」,「病気(병)」를「いたつき」또는「漁(고기잡이)」를「すなどり」,「魚(물고기)」를「うろくず」라고 하면 왠지 멋있게 들린다. 문학적인 용어에서, 혐오할 만한 지시내용과는 정반대로 기분 좋게 들리고 어딘지 모르게 호감이 가는 아름다움조차 연상되는 것은, 이미 고전어화한 특별한 어휘이기 때문일 것이다. 똑같이 나이를 먹는 경우라도「老いぼれる(늙어빠지다)」는 너무 노골적이지만,「老いさらばえる(늙어 추레해지다)」라고 말하면 좋은 어감을 느끼게 하는 것도 옛 말투에서 오는 효용이라 할 수 있을 것이다.

あやしのしづ山がつのしわざも、いひ出でつればおもしろく、おそろしき猪のししも、「ふす猪の床」といへば、やさしくなりぬ。　　　　　　　　　　　　　　　　　　(第十四段)
신분이 낮은 나무꾼이 하는 일도 노래로 표현하면 재미있고, 무서운 멧돼지도 후스이노도코라고 하면 순해진다.　　　(제14단)

그 옛날에 겐코(兼好) 법사도『쓰레즈레구사(徒然草)』에서 위와 같이 서술하였다. 즉 신분이 낮은 나무꾼 따위가 하는 일이라도 노래로 표현하면 재미있고, 저 멧돼지와 같은 무서운 짐승이라도 문학적인 '후스이노도코'라고 바꾸어 말하면 그 순간에 부드러움이 나타나므로 신기하다고 하는 것이다.

冬の日の光とほれる池の底に泥をかうむりて動かぬうろくづ

(島木赤彦)
겨울날 빛 들어오는 연못바닥에 진흙 뒤집어쓰고 꼼짝도 않는 물고기
(시마키 아카히코)

와카(和歌) 등에서는 아어가 나타나는데 「うろくず」등은 현재에는 이해할 수 없는 말일 것이다. (원래는 '물고기의 비늘'을 말하는 것이다.)

발음상 기분 좋게 들리는 것과 유서 깊은 아어가 갖는 기분 좋은 울림 등은, 어감이라고는 하지만 형식 면에서는 감각이며, 특히 아어는 앞에서 서술한 품격의 상하에 따른 어휘의 구분 사용―같은 「死ぬ(죽다)」라도 「みまかる(서거하다)」「亡くなる(돌아가시다)」「くたばる(뒈지다)」와 같이 품위 정도에 따른 어휘의 사용―이다. 일본어에는 이러한 어휘가 수도 없이 많아서 같은 「死(죽음)」를 나타내는 데에도 「死ぬ, 没する, 卒する, 隠れる, 亡くなる, 逝く, 絶え入る, くたばる」에서부터 「みまかる, 崩ずる, 薨ずる…」와 같이 너무 다양해서 예를 들자면 끝이 없다.

자신을 나타내는 일인칭 어휘도 「わたし」에서 시작하여, 「わたくし, あたくし, あたし, あたい, あたち, わっち, わちき, こちら, こちとら, 僕, おいら, おれ, わし, 我輩, 拙者, それがし, 小生, 余」등, 어지러울 정도로 다양한 어휘가 별자리처럼 반짝이고 있어서, 일본어가 이런 상황에서도 혼란스럽지 않은 것이 다행이라고 감탄하게 된다. 물론 각각의 어휘가 갖는 어감으로 구분 사용할 뿐만 아니라 성별과 신분, 그리고 그 어휘를 사용하는 장면과 문체 등에 따라 구분 사용하기도 하지만, 특히 일본어는 이러한 어휘 선택이 결

벽할 정도로 엄격하다. 화자의 청자에 대한 배려와, 화제로 삼는 대상에 대한 취급이라는 심리적인 요인이 강하기 때문일 것이다. 이것도 '내부(うち)'와 '외부(そと)'의 관계가 초래하는 표현상의 특색이라고 말할 수 있을 것이다. 일본어는 그런 언어인 것이다.

유의어와 어감

자칭대명사에 여러 가지가 있는 것처럼 비슷한 사항을 표현하는 데에도 몇 가지 어휘가 있다. 그것을 유의어라고 하는데, 예를 들면 정도가 대단히 심한 상태를 일컫는 말은 「ずいぶん(상당히), なかなか(꽤), 非常に(대단히)」, 그밖에 「大変(아주), 大層(굉장히), とても(매우), 極めて(극히), 甚だ(몹시), ものすごく(어마어마하게)…」와 같이 많이 있다. 지금 이러한 어휘를 사용하여 문을 만들어 보면 흥미로운 사실을 알 수 있을 것이다.

우선 같은 문맥 「髪が長くてうっとうしい(머리가 길어서 개운치 않다)」와 「髪が長くて素敵だ(머리가 길어서 멋있다)」라는 두 가지 문에 앞에서의 부사를 놓아보자. 두 가지 문으로 만든 것은, 하나는 「うっとうしい」라는 바람직하지 않은 상태, 다른 하나는 「素敵だ」이므로 이것은 두말할 나위 없이 바람직한 상황으로서, 서로 상반되는 '쾌/불쾌'의 감각을 대조적으로 열거하여 이러한 어휘를 지향하는 어감을 갖게 하기 위한 것이다.

(1) ずいぶん髪が長くて　┌ ○ うっとうしい。（성가시다）
　　（머리가 길어서 몹시）└ × 素敵だ。　　　（멋있다）
(2) なかなか髪が長くて　┌ × うっとうしい。（성가시다）
　　（머리가 길어서 제법）└ ○ 素敵だ。　　　（멋있다）
(3) 非常に髪が長くて　　┌ ○ うっとうしい。（성가시다）
　　（머리가 길어서 상당히）└ ○ 素敵だ。　　　（멋있다）

ずいぶん　非常に　なかなか

「ずいぶん」의 예에서는 「髪がずいぶん長い」를 수식하며 마이너스 상태의 「うっとうしい」를 예상한다. 「素敵だ」는 연결되기 어렵다. 아무래도 「ずいぶん」은 마이너스 감각을 이끌어내는 말인 듯하며, 「ずいぶんお粗末だ(상당히 조잡하다)」와 같이 바람직하게 생각하지 않는 상황이라는 어감을 수반한다. 동사를 수식하는 경우에도 「ずいぶん待たされた」「ずいぶん疲れた」와 같은 예가 딱 좋은 예일 것이다.

한편 「なかなか」를 사용하면 「なかなか素敵だ」가 되어 「長い」는 수식하지 않으며, 마이너스 상태인 「うっとうしい」와는 결부되기 어렵다. 「なかなかいい」「なかなかうまい」와 같이 플러스 평가를 불러오며, 「なかなか悪い」나 「なかなかまずい」와는 결합하지 않는다. 「なかなか」에는 플러스 어감이 있다. 그런데 「非常に」의 경우에는 「長い」에나 또한 「うっとうしい」「素敵だ」의 어느 쪽에나 수식하며 특히 플러스다, 마이너스다 하는 어휘 선택을 하지 않는다. 평가에 관해서 중립적이다.

이와 같이 살펴보면, 보통 우리들이 느끼지 못했던 여러 어휘에도, 또는 지금까지 보아온 것과 같은 어감과 평가구별이 있는지도 모른다. 언어를 구사할 때, 단지 나타내는 의미와 형식적인 문법 테두리 안에서만 표현을 생각하면 뜻밖의 함정이 있을지도 모른다.

일찍이 동남아시아의 어느 나라에 일본어를 지도하기 위해 갔을 때의 일이다. 일본어와 일본문학을 연구하는 학생을 대상으로 다양한 어휘를 사용한 예문 작성을 지도하던 때의 일인데, 어느 학생이 다음과 같은 작문을 해왔다.

● 私は先生になりたい。おまけに文学者にもなりたい。
　나는 선생님이 되고 싶다. 게다가 문학자도 되고 싶다.

한눈에 이상한 일본어라는 것을 알 수 있다.

〈接続詞的に〉そのうえに。「彼は英語が出来る。－フランス語もしゃべれる」　　　　　　　　　『岩波国語辞典』(第四版)
〈접속사적으로〉그 위에. '그는 영어를 할 수 있다. －프랑스어도 말할 수 있다'　　　　　　　『이와나미 국어사전』(제4판)

분명 사전에는 위와 같이 되어있지만, 단지 어떤 일에 다른 일이 더 부가될 뿐이라는 의미는 아무래도 아닌 것 같다. 이 예문에서도 그러하지만 영어가 가능하다거나 프랑스어를 말할 수 있다거나 하는 것을 바람직한 능력이라고 받아들이고 있기 때문에 그야말로 「おまけに(게다가)」로 연결할 수가 있는 것이 아니겠는가. 다시 말해서 플러스나 마이너스 평가를 수반하지 않는 사항에는 「おまけに」는 사용할 수 없는 것이다. 「美人で、おまけに人柄もいい(미인이고 게다가 인품도 좋다)」나 「態度が悪くて、おまけに言葉遣いも汚いときている(태도가 나쁘고 게다가 말투도 지저분하다고 들었다)」의 경우에는 평가에 의한 좋고 그름의 판단이 있다. 하지만 「野球がしたい。おまけに、サッカーもしたい(야구를 하고 싶다. 게다가 축구도 하고 싶다)」에서는 평가의식이 전혀 없기 때문에 일본어로서 성립되지 않는다. 그 사항은 바람직하다, 또는 바람직하지 않다고 받아들이는 표현자 측의 심리 내부를 전제로 하지 않는다면, 이러한 어휘는 사용할 수 없다. 그러므로 「野球がうまい。おまけに、サッカーも強いときている(야구를 잘한다. 게다가 축구도 잘한다고 들었다)」라고 한다면 충분히 성립되는 내용이다.

「相次ぐ(연달아)」「相次いで(연달아서)」도 재미있는 말이다. 다음에 드는 예는 신문의 정치란에서 발췌한 것인데 내용 평가 면에서 두드러진 특색을 볼 수 있다.

両院議員総会の正式な下部機関とし、この会で選出作業を進めることを提案したが、若手議員らから反対する声が<u>相次ぎ</u>、提案を撤回。
追加公認されたことに対しても「我々の見えないところで公認が決まった」などと批判が<u>相次い</u>だ。
(「朝日新聞」1993年 7月 23日)

양원의원 총회의 정식 하부기관으로 삼고, 이 회의에서 선출작업을 진행할 것을 제안했지만, 젊은 의원들로부터 반대하는 목소리가 <u>연달아서</u>, 제안을 철회했다.
추가 공인받은 사항에 대해서도 '우리들이 모르는 상태에서 공인이 정해졌다' 등의 비판이 <u>연달았다</u>. (「아사히신문」 1993년 7월 23일)

두 예 모두 마이너스 평가의 사항이 계속해서 일어나는 일이다. 「不幸が相次いで起こる(불행이 연달아 발생하다)」라면 자연스럽지만, 「ラッキーが相次ぐ(행운이 연달다)」라고 하지는 않을 것이다. 「相次ぐ」와 비슷한 「跡を絶たない(발길이 끊이지 않다)」 등에서도 마찬가지 경향을 볼 수 있다.

그러고 보니 「一方だ(일로이다)」도 「病気は悪くなる一方だ (병은 나빠지기 일로이다)」라고 말해도, 「よくなる一方 (좋아지기 일로)」라고 하지는 않는다. 「成績は悪くなる一方だ(성적은 나빠지기 일로이다)」라고는 해도, 「良くなる一方」라고 하기는 어렵다.

그다지 의식하지 않는 언어의 규칙 속에서 그것을 사용하는 민족의 의식과 사회·자연환경으로부터의 영향, 문화적인 차이 등을 짐작할 수 있어서 흥미롭다. 어감과 평가의 문제도 그것을 사용하는 개인의 심리문제에만 국한되지 않고, 더 큰 일본문화의 문제에까지 확대되어가므로 언어연구는 더더욱 중요해진다.

7

지시표현과 コソアド

「コソアド」의 체계

사물과 사항 등을 구체적으로 나타내지 않고「これ(이것)」나「そちら(그쪽)」「あそこ(저기)」등으로 지시하고 끝내버리는 방법이 자주 쓰이고 있다.「あの、あれどうした?(저어, 그것 어떻게 됐지?)」「そっちよりこっちのほうがいい(그쪽보다 이쪽이 좋아)」등과 같이 하나하나 자세하게 말하지 않는 만큼 표현의 효율이 높다. 나이가 들어서 깜빡깜빡 잊어버리는 일이 잦아지면, 분명 이러한 지시어 사용은 편리하다. 하물며 긴 세월을 함께 생활해온 사람끼리라면「あれ(그것)」「あそこ(거기)」로 의미가 통해버리므로 편리하다.

그런데 이러한 지시표현은「これ, それ, あれ, どれ」등의 형태로 어느 말이나 모두「こ/そ/あ/ど」의 순이며「この, その, あの, どの」와 같이 규칙적이다. 그래서 사쿠마 가나에(佐久間鼎) 박사는 이 지시어의 체계를「コソアド」라고 명명했다.「コソアド」는 실제로 지시표현을 할 때 그 사용법이 의외로 어렵다. ㄱ계열의 어휘로 해야 할지, ソ계열 쪽이 적절할지 이것은 미묘한 문제이며, 구분사용

의 근거와 지시표현의 저변에 있는 표현의식의 분석이 항상 문제시 되어 왔다.

다음에 예로 드는 문장은 아쿠타가와 류노스케의 「杜子春」의 한 구절인데, 여기에서의 「コ」의 사용법과, 그 다음에 드는 나쓰메 소세키(夏目漱石)의 문장 중에 쓰인 용법과 비교해 보면 흥미로운 사실을 알 수 있다.

これにはさすがの鬼どもも、呆れ返つてしまつたのでせう。もう一度夜のやうな空を飛んで、森羅殿の前へ帰つて来ると、さつきの通り杜子春を階の下に引き据ゑながら、御殿の上の閻魔大王に、「この罪人はどうしても、ものを言ふ気色がございません。」と口を揃へて言上しました。閻魔大王は眉をひそめて、暫く思案に暮れてゐましたが、やがて何か思いついたと見えて、「この男の父母は、畜生道に落ちてゐる筈だから、早速ここへ引立てて来い。」と一匹の鬼に云いつけました。　　　　　（「杜子春」五）

여기에는 그 대단한 도깨비들도 질려버렸을 것이다. 다시 한 번 밤하늘을 날아서 삼라전 앞에 돌아오자 조금 전처럼 두자춘을 계단아래에 꿇어 앉히면서 어전에 계시는 염라대왕께 '이 죄인은 아무리 해도 입을 열 기색이 없습니다'라고 입을 모아 말씀 드렸습니다.
염라대왕은 눈살을 찌푸리며 잠시 생각에 잠겨 있었습니다만, 이윽고 뭔가 생각이 난 듯, '이 남자의 부모는 축생도에 떨어져 있을 테니 어서 여기로 끌고 오너라'라고 도깨비 한 마리에게 분부했습니다.　　　　　（「두자춘」5）

おれはバッタの一つを生徒に見せて、「バッタた<u>是れ</u>だ、大きな
ずう體をして、バッタを知らないた、何の事だ」といふと、一番
左に居た顔の丸い奴が「<u>そりや</u>イナゴぞな、もし」と生意気にお
れを遣り込めた。　　　　　　　　　　　　（「坊つちやん」四）

나는 메뚜기 한 마리를 학생에게 보이며 "<u>이것</u>이 메뚜기(バッタ)
야, 덩치만 컸지 메뚜기(バッタ)도 모른다니, 말도 안 된다."라고
말하자, 제일 왼쪽에 있던 얼굴이 동그란 녀석이 "<u>그건</u> 혹시 풀무치
(イナゴ)아냐?" 라며 건방지게 나를 꼼짝 못하게 했다.
　　　　　　　　　　　　　　　　　　　　　　　（「도련님」 4）

「杜子春」의 예에서 왜 「この罪人」에게 「この男」라고 「コ」계통
의 지시어로 말을 주고받아야만 할까?
　그에 대해 「도련님」의 예에서는, 도련님이 「<u>是れだ</u>」라고 말한 것
에 대해, 「<u>そりゃ</u>」라고 화자와 청자의 사이에서 「コ/ソ」의 구분사
용이 이루어지고 있는 게 아닌가.
　중요한 것은 「杜子春」의 예에서는 도깨비들이나 염라대왕도 杜子
春에 대해 완전히 같은 심리적 거리를 둔 의식으로 대하고 있는 것이
다. 杜子春의 고집스러울 정도로 입을 다문 완고함에 도깨비들이나
염라대왕도 똑같이 질려서 서로 다른 입장에 있는 인물끼리의 대화라
는 의식이 없다. 일체감 의식으로 동시에 대상과 마주보고 있는 것이
다. 「俺たち」「われわれ」의 언어의식인 것이다. 이것이 두 사람으
로부터 까마득히 떨어진 장소에서 멀찌감치 바라보고 있는 상황이었
다면, 아마 다음 예와 같이 'ア계통'의 지시어를 사용했을 것이다.

沖の暗いに白帆が見える。あれは紀の国、蜜柑船。
　　　　　　　　　　　　　　（民謠「蜜柑取唄」）
　어두운 바다 한가운데에 흰 돛대가 보이네. 저것은 내 고향 기노쿠니 밀감 배.　　　　　　　（민요「밀감 따기 노래」）

　이것은 분명히「われわれ」의 입장에서 나오는 언어표현이다. 화자나 청자가 모두 같은 동료의식으로 먼 바다 한가운데의 밀감 배를 함께 바라보는 기분이므로 그야말로「あれ」라고 표현한 것일 것이다.「われわれ」의 의식일 때, 사물의 지시는「コ/コ」「ア/ア」의 지시어가 되는 것이다.
　한편, 분명히 화자가 청자와는 구분이 되어야 하므로 그 상대방을 향해서 말을 전달하는 상황(즉「わたし」대「あなた」의 대립관계의식)일 때는,「コ/コ」가 아니라「コ/ソ」가 된다.
　앞에서의「도련님」의 예가 실로 그러하며 이것은 단지 화자와 청자가 떨어진 장소에서 대화를 나누는 장면이라고는 할 수 없다. 같은 장소에서 함께 바라보고 있는 듯한 때라도 예를 들면, 메뚜기에 대한 심리적인 파악 방법이 달라지면 양자는 서로 대립하는 타인의식의 상대로서 심리적인 거리에 차이가 발생한다.「コ」에 대해서는「ソ」로 받지 않으면 안 된다. 다음 예를 보도록 하자.

　軒先に「たばこ」と抜いた赤塗りの看板が出てゐるから、勿論マッチも売らない筈はない。彼は店を覗き込みながら「マッチを一つくれ給へ」と云つた。店先には高い勘定台の後ろに若い眇(すがめ)の男が一人、つまらなさうに佇んでゐる。それが彼の顔を見ると、

算盤を堅に構へたまま、にこりともせずに返事をした。
「これをお持ちなさい。生憎マッチを切らしましたから。」
お持ちなさいと云ふのは煙草に添へる一番小型のマッチである。
「貰ふのは気の毒だ。ぢや朝日を一つくれ給へ。」
「何、かまひません。お持ちなさい。」
「いや、まあ朝日をくれ給へ。」
「お持ちなさい。これでよろしけりや、-入らぬ物をお買ひになるには及ばないです。」
（中略）
「ぢやそのマッチを二つくれ給へ。」　（芥川龍之介「あばばばば」）

처마 끝에 '담배'라고 쓰인 빨간 칠 간판이 걸려 있으니, 물론 성냥도 팔지 않을 리는 없을 것이다. 그는 가게를 들여다보면서 '성냥 하나 주시오'
라고 말했다. 가게 앞에는 높은 계산대 뒤로 사팔뜨기 젊은이가 한 명이 따분한 듯 서있다. 그러던 그가 그의 얼굴을 보자 주판을 꼭 쥔 채 벙긋도 하지 않고 대답했다.
'이걸 가져가시죠. 공교롭게도 성냥이 다 팔리고 없으니까.'
가져가라고 하는 것은 담배에 딸려 주는 가장 작은 크기의 성냥이다.
'그냥 받는 것은 미안하니까 그럼 아사히를 하나 주시오.'
'아니 괜찮습니다. 가져가시지요.'
'아니 아사히를 주시오.'
'가져가세요. 이걸로 괜찮으시다면, 필요하지 않은 물건을 사실 필요까지는 없습니다.'

(중략)

'그럼 그 성냥 두 개 주시오.'

(아쿠타가와 류노스케「아바바바바」)

　가게주인으로 보이는 사팔뜨기 남자는 성냥을「これ」라 말하고, 손님 쪽은「そのマッチ」라고 ソ계통으로 지시하고 있다. 주인 입장에서 보면 자기 쪽에 있으므로 당연히「これ」라 말하고, 손님에게는 자신의 손으로 이동하지 않았기 때문에「そのマッチ」또는「それ」로 표현하지 않으면 안 된다. 받아들었다면 이번에는 그계통의 지시어로 바뀔 것이다. 화자와 청자가 서로 상대하는 기분이지만, 게다가 그 대상이 양자의 손에서 떨어져있는 경우에는 당연히 ソ계통의 어휘로 대화를 나누어야 한다. 등 뒤에 있는 칠판의 글자를 가리키며「その字は何という字ですか(그 글자는 무슨 글자입니까?)」라고 묻고,「はい、その字は財閥のバツという字です(예, 그 글자는 재벌의 벌이라고 하는 글자입니다)」라고 대답하는 것은 실로 이 ソ계통에서의 문답이 될 것이다.

　ソ의 지시는 청자와의 대립관계의식에서만 사용되기 때문에 극단적으로 상대방을 의식한 표현의 성구 등에 종종 나타난다.「その手は桑名の焼き蛤(그러한 수법에는 넘어가지 않는다)」라든가,「そうは問屋が卸さない(그렇게는 맘대로 되지 않는다)」등은 실로 상대방에 대한 도전장이라고도 할 수 있다.「それ見ろ(그것 봐라)」「それ見たことか(그러게 뭐라고 했어)」라는 관용적인 구도 마찬가지이다.

　「コ/ア」와「コ/ソ」의 대응은 단지 회화문에서만 볼 수 있는 것은 아니다. 한 가지 표현 중에서도 「あれこれ(이것저것), あちこち(이쪽저쪽), あれやこれや(이것저것), ああだこうだ(이렇다 저렇다)」 등 「コ/ア」가 세트로 사용되며, 또한 「そこここ(여기저기), そんなこんなで(이런 저런 일로)」 등에서 「コ/ソ」의 조합도 볼 수가 있는 것이다.

말로 사물을 지시한다고 하는 것은 상대방에게 그 대상을 간접적으로 전달하려고 하는 의도에서이다. 그 경우 상대방(외부존재)을 외부(そと)존재로서 「あなた(당신)」라는 2인칭으로 대립적인 대우를 하는가, 그렇지 않으면 「われわれ(우리들)」(내부(うち)존재)로서 자신 측으로 받아들이는 가에 따라 「コ/ソ」, 「コ/ア」의 구분사용이 발생한다고 하는 것이다. 「コ/ソ」의 대응은 「私/あなた」의 대립 위에 성립한다. 한편 「コ/ア」의 대응은 「われわれ」의 입장에 서서 외부(そと) 대상(3인칭) 「彼」를 지시하는 의식이다. 일본어의 인칭대명사가 コソア의 지시어와 보조를 맞추고 있기 때문이며 그렇게 함으로써 자신의 일(1인칭)을 「こちら(이쪽)」라든가 「こちとら(우리들)」라고 방향지시로 나타내기도 하고, 청자(2인칭)를 가리켜서 「そちら(그쪽)」라든가 「そちらさん(그쪽 분)」이라고 ソ계통으로 부르기도 하는 것이다. 마찬가지로 우리들 측에서 본다면, 3인칭의 대상은 「あちら(저쪽), あちらさん(저쪽 분), あいつ(저 녀석), あの方(저 분)」로 ア계통이다. 「彼」도 원래는 「あれ」라는 의미의 고어이다.

「コソアド」를 지탱하는 심리

그런데 일본어에서는 「われわれ」라는 말 속에, 청자를 포함한 자신들 전부를 가리키는 경우와, 그 외에 청자는 제외하고 화자 측 사람들만을 한곳에 모으는 의식, 두 종류가 있다.「われわれで相談して決めようじゃないか(우리끼리 상담해서 결정하지 않을래?)」라고 하면 전자,「先輩、われわれの考えも聞いてください(선배님, 우리들 생각도 들어주십시오)」라고 하면 후자이다. 외국어 중에는 이 양자를 전혀 다른 의미의 단어로 구분해서 사용하는 예도 많지만, 일본어에서는 하나의 같은 표현으로서 대화의 상대방을 외부(そと)에 두기도 하고 내측(うち) 사람으로 의식하기도 하는 매우 심리적인 '내부(うち)와 외부(そと)와의 테두리'를 설정한다. 바꾸어 말하면 자기와 상대방과의 대립과 합일을 실로 능숙하게 구분해서 사용한다는 것이다. 그러한 합일의 결과 자신의 눈이 상대방에게 옮겨져서, 상대방 어린아이에게「僕いくつになったの?(너 몇 살이니?)」라고 말해버린다. 상대방과 자기 자신과는 하나라는 감각이다. 그것이 나아가서 상대방 측의 시점에 서서, 아버지가 자녀에게「お父さんは知りませんよ(아빠는 모른다)」라고 자신의 일을 말하기도 한다.

일본어는 얼핏 보기에 불합리한 언어처럼 보이지만, 이 '내부(うち)와 외부(そと)와의 테두리'를 기초로 하여 살펴보면, 결코 비논리적인 것도 아니다. 상대방과 대상을 언어표현 속에서 대우해 나가는 과정에서도 지금까지 여러 부분에서 언급한 것처럼, 심리적인 '내부(うち) 취급·외부(そと) 취급'이 표현을 결정하는 중요한 포인트가 되는 경우가 많다. 지시어의 오용도 이러한 점에서 바라보면 의외로 간단히 원인이 규명되는 경우가 많다.

8
자동사와 타동사

'비의지적인 행위'를 나타내는 타동사와 '수동적·자발적인 행위'를 나타내는 자동사

 자신과 상대방, 자기와 대상과의 대립과 합일은 단지 지시하는 말에 한정되는 것은 아니다. 어떤 일을 한다든지 무슨 일이 이루어진다든지 하는 것과 같은 '동작'과 '현상', 때로는 어떤 상황을 나타내는 '상태성'에 이르기까지, 이러한 대립과 합일의 시점에서 표현이 이루어지므로 일본어는 훌륭하다 하겠다.

- このたび職員一同の懇親会を開くことにいたしました。
  이번에 직원 일동의 간담회를 열기로 했습니다.

 위와 같이 말하면, 화자는 청자를 자기와 대립하는 상대(「わたし 対あなた」의 관계)로서 받아들여서, 이쪽은 그것을 집행하기로 결정한 것이라고 전달하는 아주 객관적인 표현이라고 해도 될 것이다.

- 懇親会を開くことになりました。
  간담회를 열게 되었습니다.

또는

- 懇親会が開かれることになりました。
  간담회가 열리게 되었습니다.

한편 이렇게 말하면 아무래도 좀 소극적으로 받아들이는 자세가 되어버리지만, 이것은 화자가 청자와 일체화된 'われわれの立場(우리들의 입장)'에 서서 그렇게 된 것이라고 받아들이는, 상대방 측의 시점으로 전이된 결과라고도 할 수 있다. 「する(하다)」와 「なる(되다)」의 관계는 바꾸어 말하면 「私」 대 「われわれ」의 관계라고도 할 수 있다. 그것이 더욱 발전하여 '의식적인 행위' 대 '수동적 또는 자발적인 현상'의 관계가 되기도 한다. 「引っ越すことにしました(이사하기로 했습니다)」와 「引っ越すことになりました(이사하게 되었습니다)」, 「契約を無効にする手立て(계약을 무효로 만드는 수단)」와 「契約が無効になる手立て(계약이 무효가 되는 수단)」 등, 거의 같은 내용이라 해도 좋을 만한 사항까지, 이 두 종류의 표현이 성립되므로 일본어는 흥미롭다. 그러고 보니 이러한 표현법으로서 소위 자동사와 타동사의 대응도 같은 예로 보아도 좋을 것이다.

- ご飯を残してしまった。　↔　ご飯が残ってしまった。
  밥을 남기고 말았다.　　↔　밥이 남아버렸다.

- ライバル意識を<u>燃</u>やす。 ↔ ライバル意識に<u>燃</u>える。
  라이벌의식을 <u>불태운다</u>. ↔ 라이벌의식에 <u>불탄다</u>.
- 他の企画に心を<u>移</u>す。 ↔ 他の企画に心が<u>移</u>る。
  다른 기획으로 마음을 <u>옮기다</u>. ↔ 다른 기획으로 마음이 <u>옮겨지다</u>.
- 花瓶を<u>倒</u>してしまった。 ↔ 花瓶が<u>倒</u>れてしまった。
  꽃병을 <u>넘어뜨리고</u> 말았다. ↔ 꽃병이 <u>넘어져</u>버렸다.
- おや、改札を<u>始</u>めている。 ↔ おや、改札が<u>始</u>まっている。
  어머, 개찰을 <u>시작하고</u> 있어. ↔ 어머, 개찰이 <u>시작되고</u> 있어.
- 鯰は髭を<u>生</u>やしている。 ↔ 鯰は髭が<u>生</u>えている。
  메기는 수염을 <u>기르고</u> 있다. ↔ 메기는 수염이 <u>나</u> 있다.

본래 자동사가 나타내는 의미는 '타동사가 전달하는 행위나 현상이 실현된 결과'에 해당하기 때문에, 상황에 따라서는 이 양자가 의미하는 것이 일치하는 경우도 있을 수 있다. 「ご飯を残してしまった」라는 결과로서 「ご飯が残った」라는 상황이 발생한다.

물론 「残す」라는 것은 당사자의 의지적인 행위가 아니라 결과적으로 남겨버리는 비의지적인 행위이기 때문에 「ご飯が残ってしまった」가 되는 것이다. 「ライバル意識を燃やす」라는 것이나 「他の企画に心を移す」라는 것이나 「花瓶を倒してしまう」라는 것도 모두 의도적으로 행한 행위는 아니다.

그러므로 타자에 의한 행위인 「改札を始める」도 화자의 의지와는 관계없이 발생하는 행위이므로 「改札が始まる」와 상통하는 것이다. 「鯰が髭を生やしている」와 같은 타자의 상태에는 더욱 그러하며, 타동사의 표현이 자동사가 나타내는 상태와 일치한다. 이것은 앞에서의 「する」와 「なる」의 경우도 마찬가지이며 「彼は青い顔をしている(그는 새파랗게 질린 얼굴을 하고 있다)」라는 상태는, 즉 「彼は青い顔になっている(그는 얼굴이 새파랗게 질려있다)」라는 것을 의미한다.

그런데 꽃병을 넘어뜨렸을 경우, 「私は花瓶を倒してしまった (나는 꽃병을 넘어뜨리고 말았다)」라고 말하면 「私は…」와 같이 이 것은 당사자 측의 시점에 서서 꽃병이 넘어진 것을 자기행위의 결과 로서 받아들인다. 따라서 꽃병을 뒤엎어버린 책임의식이 저절로 따 르게 된다. (「私」측에서의 파악.)

한편 「花瓶が倒れてしまった」가 되면 「私は花瓶が倒れてし まった」라고 말할 수는 없으므로 당사자 측에서의 시점이라고는 할 수 없다. 「おや、見てご覧なさい。花瓶が倒れてしまいました よ(어머나, 좀 보세요. 꽃병이 넘어져버렸어요)」라는 예에서도 알 수 있듯이 화자와 청자가 눈앞에 전개되는 현상에 함께 눈을 돌리는 것 이므로, 이것은 「私たち」「われわれ」의 시점에서 사물을 보고 있 다고 하는 것이 될 것이다. 본서의 '2 일본어의 주어'에서 서술한 설 명에 따르면, 「倒してしまった」의 문은 판단문이고, 「倒れてし まった」의 쪽은 현상문이다. 전자는 '나의 입장'에서 일을 판단하고, 후자는 '우리들의 시점'에서 현상을 받아들인다는 차이가 있다.

타동사를 이용한 전자의 문이 틀림없이 의지적인 행위일 경우, 의 지적인 행위와 비의지적인 사태의 성립이라는 표현상의 차이가 나타 나게 되므로, 자동사로 말을 바꾸어 「鯰は髭を生やしている/髭が 生えている」와 같은 동일한 내용의 표현으로는 되지 않는다. 분명 히 표현의도에 차이가 나는 것이다.

- 「(私は)机を廊下に出した」その結果「机が廊下に出た」
  '(나는)책상을 복도에 내놓았다' 그 결과 '책상이 복도로 나갔다'

타동사를 사용한 앞부분의 문은 책상을 날라서 내놓는다고 하는 일련의 과정을 지닌 의지적인 행위이다. 자동사를 사용한 뒷부분의 문은, 그 결과 대상(책상)에 저절로 발생한 상태이다. 의지와 비의지, 행위와 결과 혹은 작용과 상태의 차이이기도 하다.

본래, 행위와 그 결과는 연동하는 것이다. 책상을 밖으로 내놓았다고 하는 것은 결국, 책상이 밖으로 나갔다는 것을 의미한다. 이것은 앞에서의 비의지적인 타동사문의 경우에 가장 잘 적용된다. 「鯰が髭を生やしている」라고 하는 것은, 다름 아닌 「髭が生えている」라는 것이다. 완전히 상황이 겹쳐지는 반면에, '책상을 복도로 내놓다'와 같은 의지적인 동작문에서는 그 행위의 실현이 결과문과 일치한다고 하는 것이다. 그러므로 만약 '책상을 밖으로 내놓았으나, 나가지 않았다'라고 한다면 이것은 내용적으로 모순되기 때문에 올바른 문이라고는 할 수 없다.

자동사와 타동사의 대응

그런데 일본어의 자동사와 타동사 중에는 때때로 행위와 결과 사이의 차이로 인해 아래와 같은 문이 내용적으로 성립되는 예를 볼 수가 있다.

- 「卵を立てたけれども、立たなかった」
  달걀을 세웠으나, 서지 않았다
- 「火を点けたけれども、点かなかった」
  불을 붙였으나, 붙지 않았다

- 「写真を写したけれども、写らなかった」
  사진을 찍었으나, 찍히지 않았다
- 「電話をかけたけれども、かからなかった」
  전화를 걸었으나, 걸리지 않았다
- 「大学を受けたけれども、受からなかった」
  대학에 응시했으나, 합격되지 않았다

달걀을 수직방향으로 세우는 행위와 고정해서 직립상태를 유지하는 것은 다르다. 그 결과 「卵を立てたけれども、立たなかった」

卵を立てたけれども　立たなかった

라는 사실은 충분히 성립된다. 이하의 예도 행위와 결과 사이에 조건의 차이가 있다.「電話を何度かけても、かからない(전화를 몇 번 걸어도 걸리지 않는다)」등의 일은 얼마든지 있다. 대학에 응시했다고 해서 반드시 합격한다고는 볼 수 없다. 일본어의 동사는「机を(外に)出す/机が出る(책상을(밖으로) 내놓는다/책상이 나간다)」의 예와 같이 타동사와 자동사가 같은 결과가 되는 것 외에도,「電話をかける/電話がかかる(전화를 걸다/전화가 걸리다)」와 같은 '차이'를 발생시키는 것, 나아가서는「女を化かす/女が化ける(여자를 홀리다/여자가 둔갑하다)」에서와 같이 내용이 전혀 대응하지 않는 것까지 다양하다.

 타동적인 행위의 결과, 그 대상 위에 어떠한 결과가 발생한다고 하는 것은 특별히 짝을 이루는 자동사·타동사가 아니더라도, 작용과 결과의 연동관계만 있으면 되는 것이다.「押せば動く(밀면 움직인다)」라는 것이 자연스러운 이치이므로「力を入れて押したけれども、動かなかった(힘을 주어 밀었으나, 움직이지 않았다)」라는 문을 만들 수가 있다. 물론 이것은 성립된다.「押す」라는 행위는 대상을 건너편 쪽으로 움직이도록 힘을 가하는 것이므로 움직이든 움직이지 않든 문제가 되지 않는다.「溺れる/死ぬ(물에 빠지다/죽다)」,「殺す/死ぬ(죽이다/죽다)」도 모두 그러하다. 다만, 물에 빠지는 것은 즉 죽는다는 것을 의미하지는 않으므로「溺れたけれど、死ななかった(물에 빠졌으나, 죽지 않았다)」는 의미적으로 성립한다.「殺す」라는 것은 상대방을 죽음에 이르게 하는 것이므로「殺したけれど、死ななかった(죽였으나, 죽지 않았다)」는 불합리할 것이다.「半殺し(반죽음)」라는 말은 있지만, 완전히 상대방이 죽어야 비로소 죽인 것이 된다. 앞에서의「押す」의 예에서는「動く」와 연동시켜 보았는데, 이것을 가능표현과 조합해 보면, 다음과 같이 바꾸어 말할 수도 있다.

- 「押したけれども、押せなかった」
  밀었으나, 밀 수가 없었다.

대응하는 자동사가 없는 경우에, 이렇게 바꾸어 말하는 것은 편리하며,「力いっぱい噛んだけれども、噛めなかった(힘껏 깨물었으나, 깨물 수가 없었다)」라든가「飛んだけれども、飛べなかった(날았으나 날 수가 없었다)」와 같이 작문할 수도 있다. 이것은 가능표현이라고는 하지만 극히 자동사에 가까운 자연가능이라고 생각하는 편이 이치에 맞을 것이다.

- 「耳を澄まして聞いたけれども、聞こえなかった」
  귀를 기울여 들었으나, 들리지 않았다.
- 「目を凝らして見たけれども、見えなかった」
  뚫어지게 보았으나, 보이지 않았다.

그 증거로「聞こえる」「見える」등은 원래 자발적인 의미의 자동사이지만, 가능표현으로 사용되고 있다.

- 「私(に)はあの小さい星が見える」
  나(에게)는 저 작은 별이 보인다

위의「見える」는 가능을 나타낸다.「私」의 시점에서 별이 보이는 것을 상대방에게 설명한다.

- 「まあ、今夜はたくさん星が見えるわ！」
  어머나, 오늘밤은 별이 많이 보이네!
- 「素敵！ずいぶん見えるわね」
  멋있어라! 상당히 많이 보이는구나.

한편 위와 같이 말했다면 이것은 자발적인 의미의 자동사로서 사용되고 있는 것이다. 별이 보이는 것을 발견하고 상대방을 포함한「私たち」의 시점에서, 무심코「まあ!」라고 말하는 언어표현(현상문)이다. 이와 같은 가능적 표현이든 자발적인 표현이든, 그것이 주위의 제 상황에서 저절로 그렇게 되어간다고 하는 점에서는 자기의 의지와는 관계없는, 전술한 '결과를 나타내는 일반 자동사 표현'에 매우 가깝다. 그와 동시에 의지와 관계없이 외부(そと)의 상황에 따라 결과가 결정된다고 하는 점에서는 수동표현과 통하는 면도 있다.

- 「おだてたけれど、おだてられなかった」
  부추겼으나, 부추겨지지 않았다.
- 「脅したけれども、脅されなかった」
  겁을 주었으나, 겁먹지 않았다.
- 「口説いたけれども、口説かれなかった」
  설득했으나, 설득되지 않았다.

같은 수동이라도「だます/だまされる(속이다/속다)」등은 이 표현이 무리인 것 같다.

- 「だましたけれども、だまされなかった」
  속였으나, 속지 않았다

「相手をだます(상대방을 속이다)」라는 것은「相手がだまされる(상대방이 속다)」라는 것일 것이다. 상대방을 속였는데도 불구하고 속지 않았다는 등의 일은 있을 수 없다. 이와 같은 행위와 결과가 연동하기 위해서는「だまそうとしたけれども(속이려고 했으나)」라고 시행(試行)표현을 사용하지 않으면 안 된다. 언어에 따른 2자 관계의 행위에는 이러한 능동·수동의 표현으로 짝을 이루는 것이 많다.

- 「(伝言を)伝えたけれども、伝わらなかった」
  전언(伝言)을 전했으나, 전해지지 않았다.

자동사·타동사가 세트로 존재하는 경우에는 위와 같이 잘 대응한다. 자동사「伝わる(전해지다)」는 이러한 점에서 보더라도 수동과 자연가능「伝えられる(전달되다)」와 아주 의미가 흡사한 관계에 있다고 할 수 있을 것이다. (「口説く」와「だます」는 그것이 실현된 결과, 상대방은 '설득된 입장' '속은 입장'으로 바뀌기 때문에 수동표현이 자연스런 표현이 된다. 하지만「伝言を伝える(전언을 전하다)」라는 행위 등은, 그것에 의해 별다르게 상대방에게 본질적인 영향을 주는 것이 아니므로 수동표현이 어울리지 않는다. 「伝えられる」는 가능의 의미에 가까워진다. 이와 같은 경우, 일본어에서는 「伝える/伝わる(전하다/전해지다)」와 같이 대응하는 자동사가 준비되어 있는 경우가 많다.)

언어라고 하는 것은 의미를 가지고 있으며, 그 의미가 인간과 어떻게 관련되어 가는가, 같은 인간관계의 행위라 하더라도 직접적인 신체적 관계인가, 언어에 의한 관계인가, 그렇지 않으면 간접적인 영향인가에 따라 표현을 구분해서 사용하지 않으면 안 되는 일이 발생한다. 나아가서는 자동사와 수동사 등 가까운 의미관계에 있는 것을 잘 구분해서 말하는 언어감각도 요구된다. 일본어를 잘하기 위해서는 이러한 문법과 표현의 미묘한 사정을 올바르게 이해하는 것이 무엇보다도 중요한 일일 것이다.

9

일본적인 수동표현

수동표현을 만들어내는 '내부(うち)' 의식

「鳥の声を聞いた(새소리를 들었다)」라고 했을 경우, 이따금씩 새 우는 소리가 귀에 들려왔다면 비의지적인 자연현상이지만, 의도적으로 들으려고 귀를 기울였다면 그것은 의지적인 행동이다. 일기문을 보자.

- 四月十日、鶯の声を聞く。
  4월 10일, 휘파람새 소리를 듣다.
- 夕食後ベートーベンの第九を聞く。
  저녁식사 후에 베토벤의 제9장 교향곡을 듣다.

두 문장 중 위의 것이 전자이고 아래가 후자가 되는 것은, 오로지 매달려서 듣는 행위의 내용에 달려있다. 같은 하나의 동사가 의지적으로도 비의지적으로도 작용한다. 이것이 「先生に聞いた(선생님께 물었다)」와 같이 질문하는 뜻이라면, 다른 의미로 사용되고 있는 것이므로 금방 구분할 수 있다. 하지만 동일한 듣는 행위에 의지·무의지 두 가지 경우가 있으므로 번거로운 일이다. 「当たる, 死ぬ, 残す, 冷やす, 触れる」 등, 이러한 동사는 열거하자면 끝이 없다.

- 焚火に当たる。
  모닥불을 쬐다.
- 責任を感じて死ぬ。
  책임을 느끼고 죽다.
- 悪い生徒を残す。
  나쁜 학생을 남기다.
- ビールを冷やす。
  맥주를 차게 하다.
- 手で触れる。
  손으로 만지다.

- (難しい問題が)僕に当たる。
  (어려운 문제가)내게 닥치다.
- 病気で死ぬ。
  병으로 죽다.
- 腹一杯でご飯を残す。
  배가 불러서 밥을 남기다.
- 雨に打たれて体を冷やす。
  비를 맞아서 몸이 차가워지다.
- 湿気に触れる。
  습기에 노출되다.

흥미로운 것은 이러한 예에서 「僕に当たる」와 같이 「僕が当てられる(내가 지명 받다)」에 상당하는 수동적인 표현이 있다는 점이다. 「何やら柔らかいものが足に触れた(무언가 부드러운 것이 발에 닿았다)」의 「触れる」 등, 실로 상대방 쪽에서 접근해오는 수동표현이다. 앞에서의 「鶯の声を聞く」라는 것이나, 「体を冷やす」라는 것도 생각해보면 외계로부터 다가오는 작용을 몸소 받는 수동현상이라는 점에서 마찬가지일 것이다. 외부(そと)사항을 내측으로 받아들인다. 실로 내부(うち)·외부(そと), 타인과 자신의 관계가 그대로 말로 반영된 모습이라 할 수 있을 것이다.

일본인 사회에서 예부터 이러한 내부(うち)의식이 아주 왕성했던 것 같다. 「うち(내부)」라는 것은 자신들의 세력범위이다. 그러므로 「うち」가 때로는 「うちのいい人(내부의 좋은 사람)」 즉,「私」를 지칭하기도 하고, 「うちの生活(우리 생활)」와 같이 자신의 가정이기도 하고, 나아가서는 그 가정을 수용하는 집을 가리키기도 해서 다의어가 되기도 하지만, 기본적인 것은 똑같은 '자신의 영역'이라는 점이다. 수동문도 외계의 현상과 사항을 내부(うち)에 해당하는 자신 측이 일방적으로 받아들인다. 그 결과 다름 아닌 이쪽 '자신의 영역'에 어떠한 영향이 발생하는 것이다.

일본에서는 외부(そと)사람이 내부(うち)의 일원이 되는가 되지 않는가를 엄격하게 구별했다. 자신들 측이라면 「私たち」「われわれ」로 무리의 일원이 되는 것이다. 「群れ(무리)」는 「村(마을)」로 통하고, 자신 등의 집락(集落)이므로 실로 '우리들 측'으로 취급하게 된다. 마을의식은 때때로 무라하치부(村八分, 따돌림)를 낳고, 자신들 측에서 상대방을 거부할 수도 있다.

石をもて追はるるごとく
ふるさとを出でしかなしみ
消ゆる時なし　　　　　　(石川啄木 『一握りの砂』)

돌을 들고 쫓기듯이
고향을 떠나온 슬픔
떠날 때가 없다.　　　　　(이시카와 다쿠보쿠 『한줌의 모래』)

의 유명한 이 시도 실은 「追はるる」이라고 수동문 형태를 취함으로써 본의 아니게 마을 사람들로부터 '외부(そと)사람'으로 취급되는 수동적 입장이 눈물 없이는 읽을 수 없는 깊은 비애의 정을 우리에게 안겨준다고 생각한다.

외부(そと)사람과 내부(うち)사람을 구별하는 차별의식은 예를 들어「庇を貸して母屋を取られる(사랑채를 빌려주었다가 안채까지 빼앗긴다)」라는 속담에서 볼 수 있듯이 매우 엄격하며,「よそもの(외부(そと)사람)」에 의해 침략 받는 두려움을 서술한 고인들의 가르침이라고 생각된다. 이것도「母屋を取られる(안채를 빼앗기다)」라고 수동표현을 취하고 있다.

'내부(うち)'와 '외부(そと)'의 의식 차이

외부(そと)사람인가 내부(うち)사람인가하는 구별은 일상생활에서 'うち(가정)의 일원'이 되어있는가에 달려있다.「嫁入り(며느리 맞아들이기)」의「맞아들이기」는 외부(そと)로부터 내부(うち)로의 이행이며,「婿取り(사위 맞아들이기)」도 다름 아닌 외부(そと)사람을 내부(うち)사람으로 맞아들이는 행위이다. 속담「一つ釜の飯を食う(あるいは"同じ釜の…")」(한 솥 밥을 먹다(또는 "같은 솥…")) 등, 실로 내부(うち)사람으로서의 생활형태 그 자체일 것이다. '내부(うち)' 대 '외부(そと)'의 대립의식은 말하자면, 자신 측과 그 외부(そと)와의 구별이다.

다음은 예전에 중국에서 온 일본어연구자가 한 이야기이다. 일본에 와서 무엇에 놀랐는가 하는 질문에, 그만큼 놀란 적은 없었다며 진지하게 술회했다. 일본에 도착한 지 얼마 안 되는 어느 날, 플랫폼

에서 전차를 기다리고 있을 때, '잠시 후에 1번 선에 상행열차가 들어 옵니다. 노란 선 안쪽에서 기다려주십시오.'라는 구내안내방송을 들었을 때였다. 그녀는 일본인은 왜 일부러 위험한 홈의 가장자리, 선로 측에서 전차를 기다리는 것일까 하고 순간 깜짝 놀랐다고 한다.

중국어에서 말하는 '선 안쪽'이란 아무래도 일본어에서 말하는 '바깥쪽'에 해당하는 것 같다.

혹시나 하고 필자가 북경에서 많은 중국선생님들 앞에서 이 이야기를 소개했을 때에도, 마찬가지로 회장에 모인 청중은 동감의 뜻을 표명했으므로 틀림없을 것이다. 일본어로 '홈의 안쪽'이란 자신이 서 있는 쪽의 영역이다. 즉 자기중심의 시점에서 '내부(うち)/외부(そと)'를 받아들인다는 사실이 된다.

피해의 수동

'내부(うち)' 대 '외부(そと)'의 대비로 사물을 바라보는 의식은, '자신' 대 '타자'의 구별을 낳고, 이것이 또 타자의 행위나 현상이 자기에게 어떠한 영향을 미친다고 하는 '수동의식'을 키운다. 소위 '피해의 수동'이라 불려지는 것이 그것이다. 타자 측에서 발생하는 일방적인 사태가 간접적으로 그 영향을 당사자 측에 미치는 것으로서, 그것을 받아들이는 측에서 보면 자기가 원하는 현상이 아니므로 피해 감정만이 앞서는 것일 것이다.

비는 자연현상으로서 때에 따라 내리는 일도 있다. 그것을 달갑지 않은 것으로 받아들일 때 다름 아닌 「雨に降られた(비를 맞았다)」라는 수동적인 표현이 나타난다. 부모의 죽음은 필연적인 일로서 사람의 힘으로는 어떻게도 할 수 없는 일이다. 여기에서는 자녀들에게 안겨주는 커다란 결과를 의식해서 「親に死なれた(부모를 여의었다)」라는 이 같은 수동표현이 생기게 된 것이다. 자동사의 수동이라고 불려지는 문법현상이다.

- 従業員に休まれた。
  종업원이 쉬었다.
- (電車で)隣の人に椅子に座られてしまった。
  전차에서 옆 사람이 의자에 앉아버렸다.
- 赤ん坊に泣かれて困り果てているお母さん。
  아기가 울어서 무척 곤혹스러워하고 있는 엄마.
- せっかくの桜も風に吹かれてみんな散ってしまった。
  모처럼의 벚꽃도 바람에 날려 모두 져버렸다.
- 妻に先立たれる。
  아내가 먼저 죽다.

赤ん坊に泣かれる

어느 예나 모두 상대방의 일방적인 행위나 현상을, 그야말로 자신의 몸에 덮친 재난을 심리적으로 받아들이고 있으므로 수동적인 표현형식을 취하고 있다고 할 수 있을 것이다. 자신의 눈(사람중심)으로 파악한 것이라는 점은 말할 필요도 없다.

같은 자연현상이라 하더라도 「山道で迷っているうちに日に沈まれた(산길에서 헤매고 있는 동안에 해가 졌다)」라고 말하지 않는 것은, 태양은 일정한 시간에 반드시 규칙적으로 지는 것이기 때문에 수동으로 표현할 수 없으며, 피해수동이란 어떻게 될지 모르는 불확실한 일이 간혹 발생해서 그것이 당사자에게 마이너스 영향을 미치기 때문에 그야말로 '그럴 리가 없던 일이 발생하여 곤란하게 되었다'라고 받아들이는, 패배심리에서 유래한다. 앞에서 든 몇 가지 예는 모두 예상 외의 사건, 뜻하지 않은 재난으로 당황하고, 또 곤혹해하는 인간사정으로 꽉 차있지 않은가.

인간중심의 수동표현

일본어의 수동표현이 인간중심이라 불리는 것도, 말하자면 자신의 눈으로 외부(そと)세계를 받아들이는 표현의식에서 유래한다. 그러므로 인간 이외의 사물을 수동문의 주어로 하면 '비정(非情)의 수동' 등이라고 특별 취급하는 것이다. 두 쪽 모두 오로지 '자기를 시점으로 한 발상'이라는 일본인의 불가피한 사고방식에 기반을 두고 있다.

일본인은 객관적인 대상을 항상 자기와의 관계에서만 바라보려고 한다. 세상의 모든 것, 아니 세상조차도 자신과의 인간관계에서만 받아들이려고 한다. 사회, 세간, 세상이란 자신과 타인과의 관계일 뿐이다. 헤이안(平安)시대, 예를 들어『겐지모노가타리(源氏物語)』등에서의 '세상'이란, '부부금슬' 즉, 다름 아닌 아내를 거기에 앉게 한 자신의 인간관계였던 것이다.

『겐지모노가타리』하하키기(帚木)권에, 유명한 비 내리는 밤의 품위를 정하는 이야기가 실려 있다. 거기에서 가시라중장(頭中將)이 마음에 정함이 없는 여자 '유가오(夕顔)'에 대한 이야기를 소개하고, 좋은 여자라는 것은 아무래도 판정하기 어렵다. 그것이 남녀 사이라는 것일 것이다. 부부금슬만큼 좋고 나쁨의 비교가 어려운 것'이라고 이야기하고 있는데, 원문을 인용해보면 다음과 같다.

…終に思ひ定めずなりぬるこそ、世の中や。
(『源氏物語』帚木)
아무튼 어느 여자가 좋은 여자인지 결정할 수 없는 것이야말로 이 세상의 모습이다. (『겐지모노가타리』하하키기)

실로 당사자가 느끼는 미묘한 대인관계이다. 인간관계를 이렇게까지 신경 쓰는 민족은 그리 많지 않을 것이다. 끊임없이 주위 사람들의 눈을 의식하고, 남들이 어떻게 보고 있는가, 그것만이 인생이고 가치를 지닌다. 그 결과 세간 사람들에게 잘 보이기 위해 고심하게 되는데, 남에게 보여진다고 하는 일상사가 이렇게 다양하고도 특이한 일본어를 낳게 된다.

「まる見え(훤히 들여다보임)」라든가「つつ抜け(말소리가 남들에게 훤히 들림)」등은 일상다반의 말로서, 실로 남에게 완전히 보여지고 알려지는 수동상태를 마이너스상태로서 받아들인 어휘이다.

「まる見え」는 사전에 쓰여 있는 것과 같이 단순히 "全部見えること(전부 보이는 것)"(『岩波国語辞典』제4판)를 의미하는 것은 아니다. 당사자가 타인에게 완전히 보여지고 마는 마이너스 상태를 전제로 하지 않으면 「まる見え」의 진의는 파악할 수 없다. 외국인의 「今日は富士山がまる見えだ(오늘은 후지산이 완전히 보인다)」라고 하는 오용이 끊이지 않는 것도 일본어의 성격, 일본인의 사물을 보는 방식을 무시한 교육의 결과이다.

관용구와 한자숙어에서도 마찬가지의 예를 볼 수 있다. 「顔が広い(얼굴이 넓다)」라고 하면 "남에게 잘 알려져 있는 것"(『岩波国語辞典』제4판)이지만, 「知られる(알려지다)」는 어디까지나 수동적인 것으로서 타인으로부터 인지를 기대하는 소극적인 자세이다. 같은 의미를 한국어에서는 「足が広い(발이 넓다)」라고 한다고 하는데, '발'은 자신이 나가서 돌아다니는 적극적인 행위이므로 이것은 능동적이며, 소극적인 면이 전혀 없다. 일본어와 한국어는 비슷하다고 흔히들 말하지만 전혀 생각하지 못한 상당한 차이가 있다.

「足が広い」에 수동적인 자세는 전혀 없다. 「八方美人(팔방미인)」이라는 말은 양 국어에 모두 있기는 하지만, 나타내는 의미에는 커다란 차이가 보인다. 일본어에서는 "누구한테라도 나쁘게 생각되지 않도록 타인과 요령 있게 교제하는 사람"(『岩波国語辞典』제4판)이며, 이것도 '남에게 나쁘게 생각되지 않는다'라는 수동자세와, 그렇게 함으로써 요령 있게 교제하는 세상살이를 몸에 익히는, 소위 실질적인 것보다는 겉치장만을 잘 하는 마이너스평가의 어휘이다. 타인의 눈을 의식해서 남에게 맞추어서 행동하는 기회주의적인 인간, 이것도 자기본위의 수동적인 자세가 만들어내는 행동일 것이다.

한편 한국에서는 성격이 확연히 바뀌어서, 이것은 사람들이 두말 없이 좋다고 평가하는 이상적인 인간상이다. 당연히 플러스 평가의 어휘로서 일본어와는 크게 다르다고 할 수 있다. 「顔が広い」나 「八方美人」이나 모두 일본어는 수동적이고 때로는 마이너스상태를 나타내는 어휘로도 볼 수 있지만, 다른 외국어에서는 반대로 능동적이고 모두 플러스평가이다. 여기에서도 그 나라의 언어가 그 국민의 성격, 나아가서는 사물을 받아들이는 자세와 태도 등의 일상행동양식에까지 영향을 미치고 있다는 사실에 직면한다. 언어의 시점이 그 나라의 민속성과 문화의 근원을 뒷받침하고 있다고 해도 과언은 아닐 것이다.

10
일본어의「られる」의 발상

일반적인「られる」의 용법

● 田中君に先生が教えられた。

위와 같은 문이 있다고 하자. 지금 이 문의 주어가 되는 인물인「先生」와, 행위를 하는 사람「田中君」과의 관계를 생각하는 데에는 문의 의미를 어떻게 해석하는가에 따라 여러 가지로 바뀐다.

우선「田中君に」를「田中君によって(다나카군에 의해)」로 해석하면「教えられた」는 수동표현이 되어,「先生」가 〈수혜자〉,「田中君」은 선생님께 가르침을 준 〈수여자〉가 된다. 물론「教える」라 하더라도 그저 교실 등에서 교육을 실시한다고만은 할 수 없다. 田中君의 대단치 않은 언동이 선생님의 마음을 크게 감동시켜서 감명을 주었다고 하는 교훈적인 행위일지도 모른다.

다음으로 같은「田中君に」를「田中君にとって(다나카군에게 있어서)」라고 해석한다면 어떻게 될까?「教えられた」는「教えることができた(가르칠 수가 있었다)」라는 가능이 되어「田中君」은

역시 가르침을 준〈수여자〉,「先生」는 田中君에게 무엇인가를 배운 〈수혜자〉라는 사실에는 변함이 없다. 다만, 이 경우는 직접 무엇인가

를 교수하는 교육행위일 것이다. 예를 들어 田中君이 네이티브 영어 선생님에게 미국문학에 관한 고난이도의 문제 등을 해설한다는 등의 약간 수준 높은 교육행위를 연상하게 한다. "본래 田中君에게는 무리라고 생각되었지만, 본고장의 외국인교사에게 그 나라의 문학에 관하여 가르친다는 어려운 행위를 무난히 해냈다"라는 의미가 될 것이다. 가능으로 해석할 경우에는 「先生が」는 문법적으로는 주어가 아니라, 대상어(対象語)가 되는 것이다. 가르칠 수 있었다고 하는 행위의 대상인물이기 때문이다.

세 번째로 「田中君に」를 "田中君に対して(다나카군에 대해)"라고 해석하는 경우를 생각해보자. 이렇게 해석하면, 지금까지의 수동과 가능의 경우와는 전혀 반대로 「田中君」은 가르침을 받는 〈수혜자〉, 반대로 「先生」는 가르침을 주는 〈수여자〉가 된다. 정말 신기하게도 격조사 「田中君に」의 「に」하나의 해석으로 전체문의 뜻이 크게 달라진다. "田中君に対して先生が教えをお垂れになった(다나카군에 대해 선생님이 가르침을 주셨다)"라는 소위 경어의 「られる」가 된다. 수여자·수혜자의 해석은 수동·가능과는 반대이지만, 「先生が」를 주어로 하는 점까지는 처음의 수동의 경우와 마찬가지이다.

그런데 길게 해설하기는 했지만, 문제는 수동이다 가능이다 존경이다 하고 각각 전혀 다른 표현내용에 대해 일본어가 아주 똑같은 「られる」의 문으로 나타난다고 하는 점이다. 지금 예로 든 「田中君」의 문은 모두가 「教える」라는 의지를 가진 행위의 경우이므로 「に」의 해석도 세 가지로 나뉘었지만, 관용적인 속담이나 표현에서는 의지가 없는 상태표현이 된다.

- 背に腹は代えられぬ。　　　　배가 등을 대신할 수 없다.
- 人の口に戸は立てられない。　남의 입에 문을 달 수 없다.
- どうにも手が着けられない。　어떻게도 손을 쓸 수가 없다.
- 顔が合わせられない。　　　　얼굴을 마주 볼 수가 없다.

그러므로 표면적으로 「られる」는 가능의 의미로밖에 해석할 수 없다 (이러한 예는 뒤에 부정을 수반하는 소위 부정의 상태표현이므로 불수의가능(不随意の可能)「～しようにも～できない(～하려고 해도 ～할 수가 없다)」라는 색채가 짙어진다).

그렇다고 하더라도 이러한 예를 보면, 모두가 불수의사태가 선행하고 그것을 받아들이려고 해도 어떻게 안 되는 불가능한 상태라는 색채가 짙다. 「背に腹は代えられぬ」라는 사태가 선행되고 그것을 받아들여서 어떻게든 「背に腹を代えたい(배로 등을 대신하고 싶다)」고 노력해도 그것은 불가능하다 고 하는 말하자면 우선 '수동'상태가 있고, 가능한 한 노력하는 '가능'에 대해, 그것은 무리라고 하는 '자연적인 상태성' '자발'의 의미도 포함된다.

긍정표현의 경우도 마찬가지이다. 「悔悛の情が認められる(개전의 정이 인정된다)」라고 하면, 상대방의 개전의 정이 우선 당사자측에 전해져 와서 이쪽은 그것을 받아들인다. '수동'의 상태이다. 이어서 그것을 인정하지 않으려 해도 인정하지 않을 수 없는 '자발'상태와, 적극적으로 인정할 수 있는 '가능'의 기분이 혼재한다.

발상에서 본「られる」의 특색

이렇게 보면, 수동이다, 가능이다, 자발이다, 존경이다라고는 하지만, 그것들은 모두 그와 같은 상황을 만들어내는 '어떤 존재'와, 그것을 받아들이는 '이쪽'과의 2자 관계의 문제임을 알 수가 있다. '그와 같은 상황을 만들어내는 존재'란 자신 측에서 보면 외부(そと) 존재이며, '그것을 받아들이는 이쪽'이란, 다름 아닌 자기 자신이다. 수동「雨に降られる (비를 맞다)」라면「雨」가 전자이고, 비 맞은 자신이 후자이다. 가능표현「私にだって教えられる(나도 가르칠 수 있어)」에서는 가르쳐야 하는 상대방과 내용이 외부(そと)인 전자에 해당한다.「私」는 당연히 후자인 자신이다. 존경「先生が帰られた (선생님께서 귀가하셨다)」는 좀 난해하지만, 귀가하신「先生」이 전자인 외부(そと)존재이다. 그것을 받아들이는 표현자 자신이 후자가 된다. 자발은 어떠한가.「何となく故郷のことが思い出される(왠지 고향 일이 생각난다)」라고 한다면,「故郷」가 생각나는 외부(そと)존재이며, 전자이다. 그것을 생각하는 자신이 후자인 '내적 자아'가 되는 것이다.

의미	표현	외측존재	내측존재
수동	雨に降られる(비를 맞다)	비	(나)
가능	私にだって教えられる (나도 가르칠 수 있다)	가르쳐야할 상대, 내용	나
존경	先生が帰られた (선생님이 돌아가셨다)	선생님	(나)
자발	何となく故郷のことが思い出される (왠지 고향일이 생각난다)	고향	(나)

그러므로 이러한 4종류의 「られる」표현에 공통적으로 말할 수 있는 것은, 우선 '외부(そと)존재'가 있고, 그것을 어떠한 의식으로 받아들이는 자기 자신 '내부(うち)존재'와의 2자 관계를 전제로 한다고 하는 점이다. '외부(そと)존재'는 수동이거나, 존경이거나, 자발이거나, 모두 자기의 힘으로 컨트롤하기 어려운 절대적인 주체나 대상이다. 가능표현의 경우는 자신의 능력과 외부(そと)의 조건으로부터 자신의 힘이 미치는 대상이 되지만, '외부(そと)존재'는 모두가 능동적이며, 힘 관계에서 말한다면 상위자이다. 그에 비해 '내부(うち)의 자신'은 수동적인 하위자이다.

'외부(そと)' 대 '내부(うち)'는 일본어의 여러 표현에서 볼 수 있는 기본형태이지만, 그것이 '상위자' 대 '하위자'의 관계에서 다양하게 의식되는 곳에 「られる」표현의 특색이 있다. 외부(そと)의 힘이란 수동과 가능과 자발 등 상황에 따라 다양하지만, 여하튼 '하위자'의 입장에 있는 '자기'와의 관계에서, 이쪽의 행동을 규제하는 외적인 요인이라고 생각해도 좋을 것이다. 예를 들어 자발표현이라면 외적 요인은 자연 상황과 인간심리, 본능 등의 자신의 의지로는 어떻게 할 수 없는 사항이다.

- 責任感にさいなまれる。　　　책임감에 괴로워하다.
- 一抹の不安が感じられる。　　일말의 불안이 느껴진다.
- 故郷のことが懐かしく思い出される。　고향 일이 그리워진다.
- 昔のことぞ偲ばるる。　　　옛일이 그리워진다.

내부(うち)의 자기감정과 심리를 어떠한 상태로 만들게 하는 요인이 그야말로 외부(そと)의 상위자인 '자연'에 있으므로 '자발'이라고 생각하는 것이다. 수동표현은 어떠한가.

- 食欲をそそら<u>れる</u>。   식욕이 <u>돋워지다</u>.
- 後輩に先を越さ<u>れる</u>。   후배에게 <u>뒤쳐지다</u>.
- 雨に降りこめら<u>れる</u>。   비가 내려서 오도 가도 <u>못한다</u>.
- 先生に叱ら<u>れる</u>。   선생님께 꾸중 <u>듣다</u>.

'식욕'의 예 등은 상당히 '자발'에 가까우며, 인간본능에서 나오는 욕구이다. 이하 뒤처진다거나, 비가 내려서 오도 가도 못한다거나 하는 것은 사건의 과정이므로 이것도 자발에 가깝다. 다만, 「後輩」와 「雨」 등의 외적 요인에 의해 당사자 측이 피해를 입는 점에서는 분명히 수동적이다. 그것은 말하자면 외부(そと)인 '상위자'의 의지와 조건에 의해 일방적으로 진행된 사항을 자신과 관련지어, 상위자의 행위와 현상에 의해 발생하는 그러한 마이너스결과를 감수하므로, 그야말로 '수동'의 심정이 싹트는 것이다. 마지막의 「叱られる(꾸중 듣다)」의 예 등은 상위자에게 직접 행위를 받으므로 당사자는 분명히 '하위자'의 입장에 서게 된다.

- 産地に行けばうまい米が食べら<u>れる</u>。
  산지에 가면 맛있는 쌀을 먹을 <u>수 있다</u>.
- 特別料金を払えば必ず目的地まで座って行か<u>れる</u>。
  특별요금을 치르면 반드시 목적지까지 앉아서 갈 <u>수 있다</u>.
- 十日間の安静を要するものと認めら<u>れる</u>。

10일간의 안정을 요하는 것으로 인정된다.
- 夜は十時まで外出が認められている。
　　밤에는 10시까지 외출이 인정되고 있다.
- ここまで来ればもう一人で降りられます。
　　여기까지 오면 이제 혼자서 내려갈 수 있습니다.

그런데 위와 같은 상황에서는 어떤 외적조건이 있고 그것이 정리되기만 하면 반드시 특정한 결과가 발생한다. 그런 점에서는 극히 '자발'에 가깝지만, 외적조건에 의해 당사자의 욕망과 희망이 이루어진다고 하는 점에서는 가능의 의미가 추가된다. 이것은 외적조건에서 저절로 길이 열린다고 하는 의미에서 '자연가능'이라고 불려지고 있다. 조건에 따라 다르다고 하는 것은 그것에 좌우되는 당사자는 '하위자'가 되는 것이다.

- このクレーンは五百トンまで持ち上げられる。
　　이 크레인은 500톤까지 들어올릴 수 있다.
- 微妙な発音の違いが聞き分けられる良い耳を持っている。
　　미묘한 발음 차이를 듣고 구별할 수 있는 좋은 귀를 가지고 있다.
- この病人はもう固形物が食べられます。
　　이 병자는 이제 일반음식을 먹을 수 있습니다.

위 같은 경우 '기능'이더라도 그 주체의 능력은 자신이 몸에 지니고 있는 힘에 의한 것이므로 외적조건이 되는 곤란한 사태(무거운 화물과, 미묘한 발음, 고형물 등)에 대항하여 그것을 극복할 수 있는 '능력소유의 가능'으로 생각된다. 하위자의 입장인 당사자가 외적인 커

다란 힘에 맞서서 그것을 감당해내는 그러한 점에서는 약자의 색채가 약해진「られる」의 용법이다.

그런데 마지막 남은 '존경'은 어떠한 상하관계 하에 성립되는 표현형식일까?

- 尊敬していた恩師が、今春、他の学校に転勤された。
  존경하던 은사가 올 봄에 다른 학교로 전근 가셨다.

「尊敬していた恩師」의 전근은 학생인「私たち」에게 있어서는 커다란 상처이다. 상위자인 선생님의 행위가 하위자인 학생에게 영향을 미친다. 이것은 일종의 수동이다. 그와 동시에 상위자인 주체의 의지로 '하위자'의 상태까지 저절로 변화하는, 그와 같은 절대적인 상위자는, 하위자 측에서 본다면 올려다보는 입장, 우러러보는 대상일 것이다.

이것은 존경표현의 시작이다. 문제타개의 열쇠를 쥐고 있으면서도 하위자인「私たち」는 단지 되어가는 상황에 따른다. '가능'과 같은 적극적인 문제 해결력은 갖고 있지 않다. 수동적으로 상위자의 행위를 단지 지켜보기만 한다. 받는 영향에 중점을 두면 '수동', 우러러 바라보는 상위자의 행위에 시점을 두면 '존경'이다. '존경'은 '수동'의 양면과 같은 표현이라고 해도 될 것이다.

- 担任の先生は、総代に賞状を渡された。
  담임선생님께서는 대표에게 상장을 건네셨다.
- 先生が学生たちに外国の珍しい話を紹介された。

선생님께서 학생들에게 외국의 신비한 이야기를 소개하셨다.
- 先生は海外に出張されて留守です。

선생님은 해외에 출장 가셔서 부재중입니다.

일본어의 수동은 하위자에게 마이너스결과의 영향을 미치지만, 존경표현에서는 특별히 그와 같은 일은 없다. 이하, 「られる」를 사용한 4종류의 표현형식 구조를 간단하게 정리해보도록 하자.

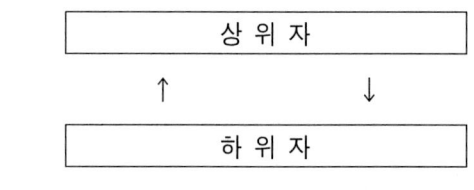

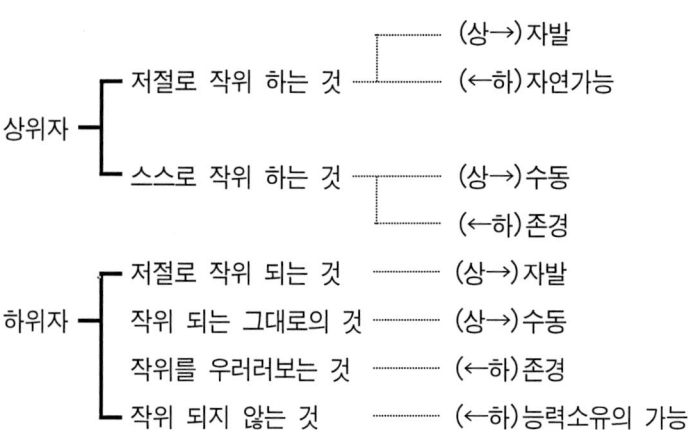

11
일본적인 사역표현

「させる」와 「られる」

'사역'이라면 일반적으로 '어떤 사람이 다른 누군가에게 무엇인가를 하게 하는 것'을 상상한다. 분명히 「娘に買い物に行かせた(딸에게 물건을 사러 보냈다)」라고 말하면, 남을 시키는 일이지만, 이와 같은 전형적인 사역행위는 오히려 드물며, 일본어의 사역표현은 보다 더 심리적인 뉘앙스가 강하다. 수동과 자발의 「られる」와 비교해 보면 그 의미의 유사점을 잘 알 수 있다.

- うまそうな匂いに食欲をそそられる。
  맛있을 것 같은 냄새에 식욕이 돋워지다.

예를 들어 위의 문을 보면 「そそられる」가 수동 내지는 자발을 의미하지만, 이 「そそられる」를 「そそらせる (돋구게 하다)」라고 바꾸어보아도 역시 자발적의미라는 점에는 변함이 없다.

- うまそうな匂いに食欲をそそら<u>せる</u>。
  맛있을 것 같은 냄새가 식욕을 돋우게 <u>하다</u>.

전장의 설명을 빌리자면,「うまそうな匂い」가 상위자가 되어,

화자는 마음을 어떻게든 사로잡는다. 약한 하위자인 화자는 일방적으로 식욕이 돋워져 버린다. '수동'은 동시에 저절로 식욕을 돋우는 '자발'이기도 하다.

이것을 「せる」로 바꾸더라도 결과는 마찬가지이며, 「うまそうな匂い」에 대해 자신의 내부(うち)의 '식욕'은 저절로 유발되어 저항할 수 없다. 그야말로 약한 하위자인 것이다. '냄새'가 '식욕'을 사역화하는 것은, '식욕'이 '냄새'의 포로가 되어 수동의 입장에 서는 것이다.

일찍이 외국인 유학생을 대상으로 한 수업에서, 백화점 매장의 설명을 하고 있는 일본어 문답을 교재로 다루었을 때, 재미있는 질문에 부딪혔던 일이 있어서 소개하도록 하겠다. 그 문답은 백화점 측의 점원이 학생연구반의 질문에 대답하는 장면이다.

- 「…特売場も七階か八階ですね」
  특설 매장도 7층이나 8층이지요.
- 「そうです。エスカレーターで七階あたりまで行くあいだに、いろいろな商品が目について、購買欲をそそられるようにするのです」
  그렇습니다. 에스컬레이터로 7층 부근까지 가는 사이에, 다양한 상품이 눈에 들어와 구매욕을 돋워지도록 하는 것입니다.

보고 알 수 있는 것처럼, 백화점 측의 입장에서 특설 매장 층을 설정한 이유를 서술하고 있는 것이다. 그러므로 어째서 백화점 측은「客の購買欲をそそらせる(고객의 구매욕을 돋우도록 하다)」라고 사역

으로 말하지 않는 것인지, 이해하기 어렵다는 것이다. 분명 백화점 측은 고객에 대해서 구매욕을 자아내도록 유도하는 것이므로, 여기는 그 유학생이 말하는 것처럼 사역표현을 사용하는 것이 타당하다.

하지만 잠시 멈추어서 생각해보면, 가령 이 부분을 「…いろいろな商品が目について購買欲をそそらせるようにするのです(…여러 상품이 눈에 들어와서 구매욕을 자극하도록 하는 것입니다)」라고 「れる」를 「せる」로 바꾸더라도, 소위 타자를 당사자의 목적에 따르도록 하는 사역은 되지 않는다. 여전히 자발적인 의미 그대로이다.

「いろいろな商品が目について購買欲をそそらせる」라고 하는 것은 즉 「購買欲をそそる(구매욕을 자극하다)」와 다름이 없다. 사고 싶다는 생각이 걷잡을 수 없이 든다는 의미이지만, 굳이 말한다면, 「(商品が)購買欲をそそる((상품이)구매욕을 돋우다)」라는 것은 '고객에 대해 사고 싶은 마음의 유도'이며, 「購買欲をそそらせる」라는 것은 '고객에게, 내측으로부터 사고 싶은 마음을 유발시키다'라고 하는 정도의 미묘한 의식차이일 것이다. '여러 상품'이 당사자의 마음을 유혹하는 점에서는 양자에 커다란 차이가 없다. 말하자면 일종의 타동현상이다. 아무래도 일본어의 「せる」는 사역적인 의미 안에 자발적인 의미가 숨어 있는 듯하다.

그보다도 더욱 중요한 것은 일본어의 자연스런 발상은, 타자를 사역하는 객관적인 '상위자 대 하위자의 관계'라는 냉철한 눈으로 사물을 서술하기 보다는 「そそられる」의 수여자의 입장에서, 지금 자신에게 일어나고 있는 자발적인 현상으로서 서술하고자 한다는 것이다. '외부(そと)' 대 '내부(うち)'의, '내부(うち)'의 입장과 시점을

원하고 있는 것이다. 이것을 외국인에게 이해시키는 것은 상당히 어려운 일이다.

'사역'과 '타동'의 차이

그런데 일본어의 「せる」에는 이상과 같이 자발·유발의 느낌이 농후하므로 '자연히, 본능적으로' 또는 '조건반사적으로'라는 상황의 장면에서 사용되는 경우가 자주 있다.

- あまりの素晴らしさに私たちをうっとりさせる。
  너무나 멋있어서 우리들을 넋 잃게 한다.
- いまさらのように思い出させるのであった。
  새삼스럽다는 듯이 생각나게 하는 것이었다.
- つい立ち止まらせる素敵なショーウィンドー
  무심코 멈춰 서게 하는 멋있는 쇼윈도
- 観衆をうならせる名演技
  관중을 감동하게 하는 명연기
- 観るものをはらはらさせる危険なショー
  보고 있는 사람을 두근거리게 하는 위험한 쇼
- 敵愾心に心を奮い立たせる。
  적개심에 마음을 분기하다.
- 聞かせる喉　　들을 만한 목청
- 読ませる小説　잘 읽히는 소설
- 泣かせるねえ　눈물나게 하는군
- 笑わせるな　　웃기지 마

모두 무의식중에 그와 같이 되어가는 상황의 표현이다.

유발의 의미를 나타내는「させる」는 외적인 힘이 내적인 '우리들'에게 어떤 작용을 미치는 타동현상이며, 그 점에서는 전체적으로 하나의 타동사와 같은 역할을 하고 있다고 해도 좋다. 다음 문을 보도록 하자.

作曲家山田耕筰が生前こよなく愛していた中国のつぼが、清朝の第六代皇帝乾隆帝(1711～1799)の宮廷で使用されていたと考えられる非常に珍しいつぼであることがわかり、関係者をびっくりさせている。(「朝日新聞」1981年 10月 7日)

작곡가 야마다 고사쿠가 생전에 각별히 사랑했던 중국의 도자기가, 청조의 제6대 황제인 건륭제(1711～1799)의 궁정에서 사용되었다고 추정되는 대단히 진귀한 도자기라는 사실을 알고, 관계자를 깜짝 놀라게 하고 있다. (「아사히신문」 1981년 10월 7일)

「関係者をびっくりさせている」라는 부분을,「関係者はびっくりしている(관계자는 깜짝 놀라고 있다)」라고 바꾸어 말해도 전혀 지장이 없다. 이것이 일인칭「私は」라면,「私はびっくりした(나는 깜짝 놀랐다)」라고 자동사로 표현하며,「私をびっくりさせた(나를 깜짝 놀라게 했다)」라고 말하기는 어렵다. 하물며「私をびっくりさせている(나를 깜짝 놀라게 하고 있다)」라고는 결코 말하지 않는다. 외적 요인이 되는 사건에 당사자가「びっくりする」라는 자동사에 대해 외적 요인이 되는 사건이 이쪽 관계자를「びっく

りさせる」라는 사실은 일종의 타동현상이며, 이것은 타동사와 마찬가지의 역할을 하고 있다고 보아야 할 것이다.

일본어에서는 자신(일인칭 주체)이 받아들이는 사태에 타동적인 표현을 하는 것은 즐기지 않는다. 어쨌든 「その事態に関係者はびっくりしている(그 사태에 관계자는 깜짝 놀라고 있다)/その事態が関係者をびっくりさせている(그 사태가 관계자를 깜짝 놀라게 하고 있다)」의 대응이며, 「させる」가 타동적인 역할을 하고 있다고 보아야 할 것이다. 같은 예로 자동사 「なる」에 대응하는 타동사는 「する」이다.

- 髪が茶色くなる薬 → 髪を茶色くする薬/
  髪を茶色くさせる薬

  머리가 갈색으로 되는 약 → 머리를 갈색으로 만드는 약/
  머리를 갈색으로 만들게 하는 약

- その点が詳しくなる → その点を詳しくする/
  その点を詳しくさせる

  그 점이 상세해진다 → 그 점을 상세하게 한다/
  그 점을 상세하게 하도록 한다

- 英語が上手になる方法 → 英語を上手にする方法/
  英語を上手にさせる方法

  영어를 잘하게 되는 방법 → 영어를 잘하게 하는 방법/
  영어를 잘하게 하도록 하는 방법

자동사에는 없고 타동사만 존재하는 경우에는 「られる」를 붙여서 다음과 같이 하면 된다.

- 食欲がそそられる → 食欲をそそる/食欲をそそらせる
  식욕이 돋워지다 → 식욕을 돋우다/식욕을 돋우도록 하다

이와 같이 동사에 붙어서 타동사에 상당하는 의미를 만들어내는「させる」에서부터,「買い物に行かせる(물건 사러 보내다)」와 같이 명령에 가까운 '사역', 나아가서는 가는 것을 허가하는 '허용', 그리고「はらはらさせる(두근거리게 하다)」「思い出させる(생각나게 하다)」의 '유발', 이것은 그대로「られる」의 '자발'과 '수동'표현으로 연결되어, '가능' '존경'으로 진행되어간다. 일본어의 문표현(文表現)에서의 품사의 출현 순서를 나타내는 예로서, '3. 술어에서 볼 수 있는 특색'에서 소개한 예를 다시 한 번 인용하겠다.

- 辞め させ られ たく なかっ た らしい わ よ (ね)。
  해고당하고 싶지 않았던 것 같아.

위의 문은 동사에서 동사적 접미사(복어미), 조동사, 그리고 종조사로 이어지는 식으로 점점 바뀌어 가는데, 지금까지 보아온 것처럼, 의미상으로도 타동사가 그대로「させる」에 접속되며,「させる」는 또「られる」와 종이 한 장 차이로 연결되어 가는 것이 흥미롭다.
　이러한 언어의 의미는, 화자의 표현의식과 깊이 관련되어 있으므로, 앞에서의 '외부(そと)' 대 '내부(うち)'의 관계에서 점차 문말에 가까워짐에 따라 '외부(そと)'보다도 '내부(うち)'의 요소가 강해져 가는 것일 것이다. 그것이 결국은 조동사에서 조사로 이행되고, 성별(조사「わ」)이나 심리(조사「よ」「ね」) 등의 내부(うち)인 화자의

모습에 수렴되어 문의를 맺는 것으로 생각해도 좋다. 이 문제는 이하에서 장을 바꾸어 부정과 시제, 추량 등의 문제로서 차차 기술해 나갈 생각이다.

'사역'과 '허용'

그런데, 앞의 「買い物に行かせる」의 예에서, 소위 강제적인 명령에 가까운 '사역'과, 가장 느슨한, 가는 행위를 인정하는 '허용'의 의미, 두 가지의 해석이 성립한다고 서술했다. 예를 들어 보자.

- いつも太郎ばかりで気の毒だから、たまには次郎にも買い物に行かせよう。
  다로에게만 늘 미안하니 때로는 지로에게도 물건 사러 보내도록 하자.

위의 예에서는 '買い物に行く'라는 일이 바람직하고 기뻐할만한 행위인가 아닌가, 그것을 다로와 지로가 어떻게 생각하고 있는가가, 해석을 결정하게 된다. 고통으로 생각되는 듣기 싫은 부모의 명령이라면, 「次郎に行かせる(지로에게 가게 하다)」라는 것은 강제적인 명령의 '사역'이 된다. 또한 만약 다로나 지로도 가고 싶어 하는 즐거운 쇼핑이라면, 이것은 지로에게도 외출하는 희망을 이루도록 해주는 '허용'이 될 것이다.

'미안'한 대상은, 전자의 해석으로는 '다로', 후자에서는 '지로'라는 식으로 나눠지지만, 언어의 해석이라는 것은 문을 구성하는 모든

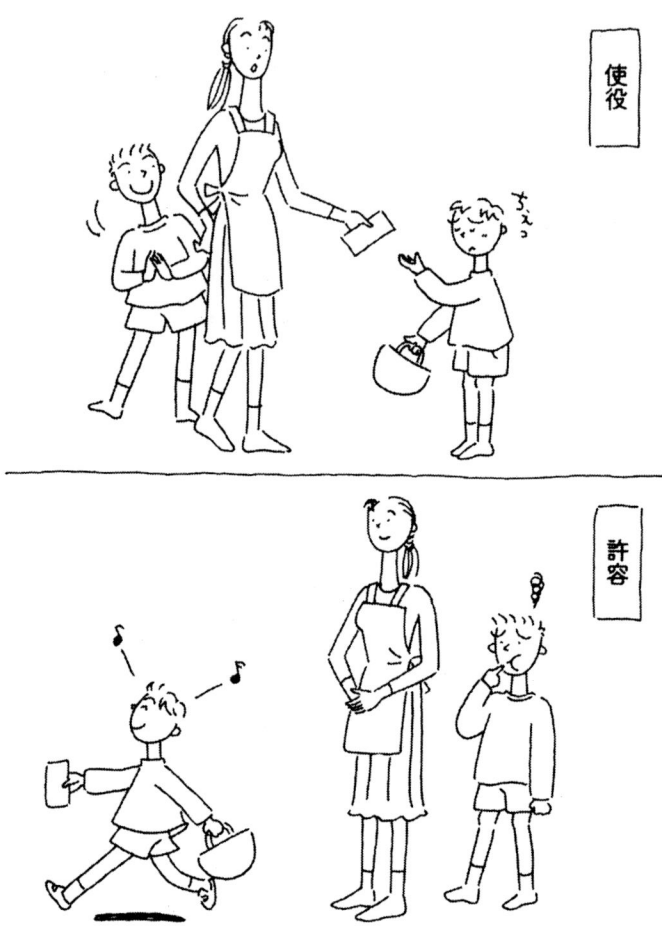

어휘의 긴밀한 유대 위에 성립되는 것이므로, 서로 움직일 수 없는 의미관계에 있다는 사실을 뒷받침해주는 좋은 증명이 될 것이다. 문법이란 결코 어휘끼리의 형식적인 접속관계라고 하는 무미건조한 룰이 아니라, 이와 같이 의미와 밀접하게 어우러진 훌륭한 생물인 것이

다.

「させる」가 사역과 허용의 두 가지로 나누어진다 하더라도 그것은 '내부(うち)' '외부(そと)'의 관계에서의 상위자와 하위자 사이의 의식문제에 불과하다.

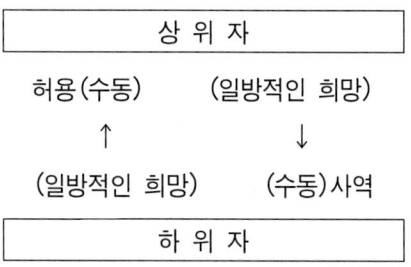

'허용'은 위 그림과 같이 본래 하위자 측으로부터의 작용에 대해 상위의 입장에 있는 자가 그 희망을 인정하고 받아들이는 행위이다. '사역'이든 '허용'이든, 한 측으로부터 발생하는 희망을 받아들이는 것이므로 이러한 표현은 의지적인 것일 것이다. 그런데 고전문학 등에서는 때때로 비의지적인 '허용'이 나타난다.

畠山五百餘騎でやがてわたす。むかへの岸より山田次郎がはなつ矢に、畠山馬の額をのぶかにゐさせて、よよれば、河中より弓杖をつゐておりたッたり。　(『平家物語』第九　宇治川先陣)

하타케야마가 5백여 기의 말로 이윽고 강(宇治川)을 건넌다. 건너편 해안에서 야마다 지로가 쏜 화살에 하타케야마의 말 이마를 깊숙이 쏘게 하여 약해졌으므로, 강 속에서 활을 지팡이 삼아 말에서 내

려셨다. (『헤이케모노가타리』제9 우지강 선진)

「馬の額をのぶかにゐさせて」라는 것은, 말의 이마 부분에 화살이 깊이 박힘(「やがら(筈)」는 화살의 대나무 부분) 즉 화살이 이마 깊숙이 박힐 정도로 쏠 수 있는 것이다. 그것을 「射させて」라고 표현한 것은 「矢が当たることを心ならずも容赦して(화살 맞는 것을 본의 아니게 용서해서)」라는 허용의 의미로 사용한 것일 것이다. 이것은 결코 의지적이지는 않다. 자기의 의지에 반하는 「させ」의 용법에 「敵に射させてしまったよ(적에게 쏘게 하고 말았어)」라는 후회와 억울함이 배어있다.

현대어에서도 비의지의 「させる」는 상당히 많다. 앞에서의 「びっくりさせる」와 같은 '유발'의 「させる」도 그러하지만, 결과적으로 어떤 상황에 상대방을 놓아두게 되는 「させる」도 있다.

- やあ、待たせたね。ごめん、ごめん
  야, 기다리게 했군, 미안, 미안

예를 들어 위와 같이 말했을 때, 「待たせた」라는 것은 결코 의도적인 명령적 사역은 아니다. 간혹 상대방이 먼저 와버렸기 때문에 기다리는 결과가 되었을 뿐, 「待っていろ(기다리고 있어)」 등의 명령을 한 것은 아니다. 또는 약속시간에 늦은 것이 아니라, 오히려 일찍감치 온 것일지도 모른다. 그러나 아무리 이쪽이 빨리 도착했더라도 상대방이 그 이상으로 일찍 왔다면, 역시 「待たせる」라는 것이 되는 것이다. 「させる」에는 이와 같은 무작위의 사역도 있는 것이다. 「待

つ」의 예를 좀 더 자세히 보도록 하자.

- 生徒が先生を待った.　　학생이 선생님을 기다렸다.
- → 先生は生徒を待たせた.　선생님은 학생을 기다리게 했다.
- → 生徒は先生に待たされた.
  학생은 선생님을 (어쩔 수 없이) 기다렸다.

「待つ」에는 위와 같은 관계가 성립된다. 물론 선생님이 의도적으로 기다리게 했다고는 단정할 수 없지만, 학생이 선생님께서 오시는 것을 기다렸다고 하는 사실에는 변함이 없다. 그것을 어느 쪽의 입장에서 표현하는가, 「待つ」라는 사실에 대한 의식의 차이가 세 가지 중 어느 쪽의 표현형식을 선택하게 한다. 그럼, 「笑う(웃다)」는 어떠한가. 「待つ」의 경우와 완전히 마찬가지의 형태로 기계적으로 문형을 변환해보자.

- 生徒が先生を笑った.　　선생님은 학생에게 조롱당했다.
- → 先生は生徒を笑わせた.　선생님은 학생을 웃기게 했다.
- → 生徒は先生に笑わされた.
  학생은 선생님으로 인해 (어쩔 수 없이) 웃었다.

일단은 위와 같이 되지만, 웃긴다든지, 웃음거리가 되었다든지 하는 것은, 선생님이 농담 등을 해서 학생을 웃기게 하는 경우를 연상하게 한다. 선생님이 조소의 표적이 되는 것은 아니다. 그러므로 「生徒が先生を笑った」와는 문의 의미에 차이가 있는 것이다. 오히려

「生徒」와 「先生」와의 순서를 반대로 해서 「先生は生徒に笑われた(선생님은 학생에게 조롱당하다)」라고 수동으로 표현해야 문의 의미가 같아진다. 도대체 이것은 무엇을 의미하고 있는 것일까?

　「させる」는, 두 사람의 인간관계에서 상대방에게 무엇인가를 하게 하는 본격적인 '사역'도 있는가 하면, 단순히 상대방을 부추긴다든지, 유도한다든지 하는 소극적인 유발행위도 있다. 그것이 「笑う」와 같이 2자(二者) 간의 상호관계를 전제로 하지 않는 일종의 생리현상 등에서는 사역·유발 어느 쪽으로도 작용한다고 하는 점일 것이다. 「させる」가 지니는 미묘한 의미중복이 뜻밖에도 표현형식이라는 외형면으로 나타난 하나의 사례라고 해도 좋을 것이다. 언어의 의미란 실로 깊고도 오묘한 맛이 있는 것이다.

12

수수(授受)표현의 특이성

일본어의「やりもらい」표현

- 「君、犬の赤ちゃん、ペットにもらってやってくれないか?」
  자네, 강아지 페트로 키워주지 않을래?(받아주지 않을래?)

위와 같은 말을 들으면, 외국인은 눈을 휘둥그레 뜨며 놀란다. 그리고 일본인은 왜 이런 간접적인 불편한 표현을 하는가, 하고 머리를 갸우뚱한다. 말 그대로 과연, 이것은 번거롭게 둘러말하는 것이다. 일본어를 이해하는 수준이 조금 부족한 외국인이라면, 한 번 듣는 것만으로는 곧바로 이해하기 어려울 것이다.

먼저「もらう」에「やる」가 붙어서, 거기에「くれる」를 붙여,「ペットに……くれないか」가 되었다. 이 때문에 강아지가 누구의 손에 건네진다는 이야기인지, 이 문장은 확실히 이해하기 어렵다. 일본인이라도 금세 확실히 이해하기 어려울 수도 있다. 왜「もらってくれ」라고 단도직입적으로 말하지 않고 일부러「やる」와「くれる」를 붙이는 것일까.

이전에 필자는 외국인 일본어교사들을 상대로 일본어학을 강연하였을 때, 마침 그 자리에 있었던 모씨가 '왜 일본인은 상대에게 직접 말을 걸 때「日本語を教える(일본어를 가르치다)」라고 말하지 않고「日本語を教えてあげる(일본어를 가르쳐 드리다)」라고 정중하게 말하는가'라고 질문해 온 적이 있다. 과연「私は 教える 日本語を(나는 가르치다 일본어를)」라는 언어구조의 발상에서 보면, 왜 새삼스레「あげる」라는 말을 첨가하지 않으면 안 되는가 생각하고 있는 것 같으나, 이 생각은 바르지 않다. 정중하게만 말하기 위해서라면, 문말에「教えます」라고「ます」를 붙이면 끝나는 일이다.

일본어는 지금까지 여러 차례 언급해 왔듯이, 표현할 때의 '화자의 시점'이라는 문제를 항상 문제시한다. 즉, 말하는 상대나 대화 속의 인물·사물이 자기 측의 사람(내부(うち)관계)인지 그렇지 않은지 (외부(そと)관계)에 의해 언어사용을 구별하거나, 사용해야 될지 어떨지의 여부를 결정한다.

이런 점에서 앞에서 언급한「日本語を教える」라는 내용을 누가 누구에게 '가르치는' 것인가, 가르침을 받고 가르치는 인간관계를 내부(うち)관계·외부(そと)관계라는 면에서 검토해 보기로 하자. 이해하기 쉽게 다음과 같이 표로 정리해 보기로 하자.

	もらう	やる	くれる
私→君	×	○	×
私→彼	×	○	×
君→私	○	×	○
君→彼	○	○	○
彼→私	○	×	○
彼→君	○	○	○
彼→彼女	○	○	○

받기도 하고 주기도 하는 '주는 사람'과 '받는 사람'을 인칭에 주목해서 각각 인칭관계로 했을 때, 이들 표현을 과연 말할 수 있을지 없을지, 말할 수 있는 경우에는 ○, 말할 수 없는 경우에는 ×로 표시하였다. 「私」로 쓰인 것은 당연히 말하는 사람 본인이며, 「君」는 말하는 상대인 듣는 사람을, 「彼」「彼女」는 제3자로, 대화에 등장하는 소재로서의 인물이다. 일본어가 이들 인칭에 따라 표현 방법을 바꾸는 것은 위의 표를 보아도 확실히 알 수 있다.

「もらう」와 「くれる」는 전적으로 보조를 이루고 있으며, 「私」(내부(うち)가 되는 화자) 쪽에서의 수수행위를 제외하고는, 모두 사용할 수 있다. 한편 「やる」는 그 반대로 「私」 쪽의 수수행위에만은 사용할 수 없다. 아무래도 「私측」이 이들의 수수표현에는 깊이 관여하고 있어서, 「私」의 시점에서 표현가부를 선별하는 것 같다. 여기에서 일인칭의 사용법에 주목하여, 이러한 것을 표로 나타내면 다음과 같다.

	もらう	やる	くれる
私→君・彼	×	○	×
君・彼→私	○	×	○

문법학자인 마쓰시타 다이자부로(松下大三郎)는, 주거나 받거나 하는 행위를 하는 사람과 행위를 받는 사람이 누구인가에 중점을 두어 다음과 같이 분류하였다.

	もらう	やる	くれる
私→君・彼		自行他利	
君・彼→私	自行自利		他行自利

「彼女は彼からもらったのです(그녀는 그에게 받았어요)」라든가 「君が彼にやったのかい(네가 그에게 주었니?)」「誰が彼にくれたんだろう?(누가 그에게 주었을까?)」와 같이, 「私」의 위치에 「彼女」나 「君」「彼」가 올 경우에는 2인칭이나 3인칭 인물이 '화자 측 사람'이라는 의식에서 취급되고 있다. 본래 외부(そと) 대상이어야 할 인물이 내부(うち)사람으로서, 「われわれ(우리들)」 취급이 된 것이다. 「私」 대 「あなた・彼」의 관계가 아닌, 「私たち」라는 일체감이 이루어내는 묘미이다.

이와 같이 「もらう, やる, くれる」의 표현은 (이들을 'やりもらい' 또는 '수수표현'이라고 부른다) 화자의 의식이 매우 농후하게 나타난 표현으로, 듣는 사람인 상대방과의 관계나 대화에 등장하는 인

물이나 사물과 자신과의 관계 등을, 항상 '본인의 시점'에서 취하며 그러한 입장에서 문장이나 담화가 이루어진다. '본인의 시점'을 고려하지 않은 객관적인 상황설정이 일본인에게는 쉽지 않을 것이다.

「誰それが日本語を教える(아무개가 일본어를 가르친다)」라는 형식은 '가르치는' 주체가 누구인가를 단지 서술하기만 한 관념적인 표현에 지나지 않는다. 여기에「教えてあげる」라든가「教えてくれる」와 같이 수수동사를 첨가하면, 수수의 주체나 상대에 대한 화자의 대우의식이 첨가되어, 상대방과 자신과의 인간관계, 누구의 입장에서 이야기를 하고 있는가 등이 전면에 나타나 갑자기 언어가 생기를 찾게 되는 것은 참으로 신기하다.

「やる」「くれる」「もらう」가 나타내는 의미

일본어는 밖에서 방관하는 태도로 사태를 떠나서 보지 않는다. 사

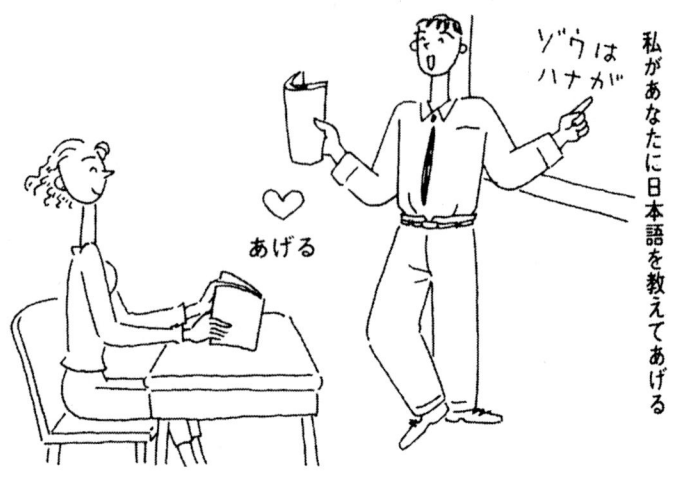

태 속에 들어가서 자신의 눈으로 일의 사태와 본인과의 관계를 내면에서 보고자 한다. 「私はあなたに…してあげるのだ」의 말에는 「あなた対私」의 인간관계, 「私」에서 「あなた」로 향한 행위의 수수, 더구나 그것이 「私」의 입장에서 말씀드리는 표현이라는 것까지를 「あげる」라는 단 한 말로 집약할 수 있으니, 참으로 놀라운 일이다.

「私があなたに日本語を教える」만으로는, 이와 같은 섬세한 화자의 표현의식은 나타나지 않는다. 단지, 「教える」라는 사실과, 그것이 '누가 누구에 대해서인가'를 설명하는 골격만 있을 뿐, 생기가 없는 문장이 되어버린다. 언어에 화자의 마음의 살을 붙이는 것이 이들 수수표현이라고 말해도 참으로 좋을 것 같다.

「やる、くれる、もらう」가, 여러 가지 의지적 동작의 동사에 붙어서 '남에게 이익을 준다(他利)'라든가 '나에게 이익이 된다(自利)'

라든가와 같은 의미를 첨가한다고는 하지만 '利'라는 것이 반드시 '이익'만을 가리키는 것은 아니다. 때로는 '불이익'도 있으며, 듣는 사람에게 아무 관계가 없는 경우조차 있다.

- 「癪に触るから怒鳴りつけて<u>やっ</u>たら、すっきりした」
  부아가 나서, 호통을 <u>쳤</u>더니, 후련해 졌다.
- 「あんな奴、殺して<u>やる</u>」
  그런 놈, 죽여 <u>버릴</u> 테야.

예를 들면「やる」에서 상대방에게 온화하지 않은 마이너스 상태의 예를 볼 수 있다.

- 「えい、ままよ。 自殺して<u>やる</u>」
  에이, 될 대로 되라. 자살해 <u>버릴</u> 거야.
- 「きっと合格して<u>やる</u>」
  꼭 합격할 <u>거야</u>.

그리고 위와 같은 강한 의지,「…てみせる」에 가까운 결의조차 있다. 이것은 자학상태에서의 자포자기와 신념이라고도 말할 수 있는 결의로, 직접적으로는 상대에게 동작이 미치지 않는다.「もらう」나「くれる」에도 이와 비슷한 예가 보인다.

- 「勝手に人の部屋に入って<u>もらっ</u>ちゃ迷惑だ」
  함부로 남의 방에 들어오면 곤란해.
- 「えらいことをして<u>くれ</u>たよ。これからの後始末が大変だ」

큰일을 저질렀구나. 앞으로 뒷수습이 걱정이다.

상대측이 나타내는 마이너스행위가 일방적·수동적으로 당사자에게 미치는 것을 귀찮아하는 의식으로, '외부(そと)'존재가 자기 측 (내부(うち)영역)에 관계를 갖는 것에 대한 곤란한 감정을, 수수표현에 의해 훌륭히 표현하고 있다. 다음 예를 보기로 하자.

- 「今忙しいから、 早く帰って<u>くれ</u>」
  지금 바쁘니까, 빨리 돌아가 <u>줘</u>.
- 「うるさいから、やめて<u>くれ</u>」
  시끄러우니까, 그만 <u>둬</u>.

위의 표현도 비슷하지만, 이것은 이쪽 편에서 적극적으로 마이너스 상태의 배제를 요구하고 있는 점에 차이가 있다. 마치 흙발로 거침없이 '내부(うち)의 영역'에 들어오는 사람을 달갑지 않게 생각하며 '외부(そと)'의 영역으로 쫓아내는 행위와 비슷하다. 이것은 「教えてくれ」「書いてください」와 같은 이쪽 편의 희망에 따라 외부(そと)에 있는 사람을 실현으로 끌어들이는 의뢰표현의 이면이라 할 수 있다.

내부(うち)에 표현하는 희구·간원(懇願)의 마음이 외부(そと)사람에게 향하는 자세에, 능동적인 의뢰표현 이외에, 상대의 의향을 살피는 소극적인 허가·허용의 요구도 있다.

- 「今からでも試験を受けさせて<u>くれる</u>といいが」

지금부터라도 시험을 보게 해<u>주었</u>으면 좋겠는데….
● 「お先に帰ら<u>せていただきます</u>」
　먼저 돌아가 <u>보겠습니다</u>.
● 「私にも、ひとこと言わ<u>せてもらい</u>ます」
　저도 한 말씀 올리<u>겠습니다</u>.

이상을 정리해 보면, 다음과 같다

외부인 (そと)	←	내부인 (うち)	(적극적) 이익은혜의 공여 (+) / 불이익의 강요 (−)
	←		(적극적) 상대방에의 권유 (+) / 당사자 측의 의뢰 (−)
	←		(소극적) 허가를 구함 (+) / 자폐 자학적 결의 (−)
	→		(적극적) 이익은혜의 향유 (+) / 상대방에 대한 거절 (−)
	→		(소극적) 수익에의 감사 (+) / 상대에 대한 피해감정 (−)

　이처럼 같은 「やる, くれる, もらう」에서도 사용하는 방법에 따라 이익·불이익, 은혜·피해와 같은 플러스 평가와 마이너스 평가로 나뉘어진다. 「一生懸命働いてくれた (열심히 일해 주었다)」라고 말하면 이익을 받았다는 감사이지만, 「えらいことをしてくれた (훌륭한 일을 했다)」가 되면 상대방에 대한 피해감정이 선행하는 느낌으로, 사태의 형편이 좋고 나쁨에 좌우된다. 「くれる」가 플러스다 마이너스다라는 것이 아니라, 내용에 따라서 어느 쪽으로도 가능하다는 것이다. 결국 이와 같은 수수표현으로 무엇인가를 표현한다는 것은, 표현하려는 내용에 따라 화자의 태도를 나타내며 자신의 인식

을 상대에게 전달한다. 상대로부터 받은 행위나 상대에게 전해질 행동을, 이와 같이 자기와의 관계에서 평가하면서 일을 수행하려고 하는 자세는, 상대나 대상을 자기 자신과는 다른 범주로, 「私」와 대치하는 관계에 두는 것이다. 더구나 이 같은 관계를 항상 자기의 이익・불이익으로 바라보는 이기적인 자세가 항상 붙어 다닌다.

상대방・대상을 대립하는 존재로서 '자기 자신'과 구별하는 일에서 「教えてやった」「教えてくれた」의 빌리고 빌려주는 타산적인 감정도 생겨난다. 단지 「私が彼に教えた」「彼が私に教えた」라고 무덤덤하게 말하면, 「私」도 「彼」도 동일선상에 있는 객관적인 존재로서의 상호행위밖에는 되지 않는다. 이와 같이 「われわれ」의 의식이 일본어에는 매우 결핍되어 있다. 「私」대 「あなた」, 「私」대 「彼」의 관계로, 상대를 외부의 존재로 간주하는 점에 일본어의 수수표현의 특이성이 있다고 할 수 있다.

13

「行く」「来る」가 나타내는 의미

「〜てくる」「〜ていく」의 표현

수수표현과 비슷한 성질을 갖고 있는 표현에「行く, 来る」가 있다. 어디가 비슷한가 하면,「やる, もらう」와 마찬가지로 동사에 붙어 화자의 입장이나 시점·위치 등에서 언어 사용법을 행하고 있다는 점이다. 물론「行く, 来る」만으로 독립해서도 쓰인다. 그러나 무엇보다도 재미있는 것은, 역시 동사와 함께 결합하여「…していく」「…してくる」와 같은 형식을 취하는 것이다. 우선 독립해서 쓰인 예를 보기로 하자.

…蕎麦屋の前も、鮨屋の前も、鳥屋の前も通り過ぎて了った。「何處へ<u>行く</u>気だらう」仙吉は少し不安を感じ出した。神田駅の高架線の下を潜って松屋の前に出ると、電車通りを越して、横町の或る小さい鮨屋の前へ<u>来</u>て其の客は立止まった。
（志賀直哉「小僧の神様」）

국수집 앞도, 초밥집 앞도, 닭집 앞도 지나쳐 버렸다. '어디로 갈 생각인가' 센키치는 좀 불안한 마음이 들기 시작했다. 간다역의 고가도로 밑을 지나 마쓰야 앞에 다다르자, 전차 길을 지나 골목길의 한 작은 초밥집 앞에 <u>와서</u> 그 손님은 멈춰 섰다.
(시가 나오야「꼬마의 신령님」)

「何處へ行く」는, 자기 자신 등이 지금부터 목적지를 향해 나아가는 것이므로, 당연히「行く」를 사용한다. 이에 대하여「或る小さい鮨屋の前へ来て」는, 현 지점으로 이동했기 때문에「来る」이다. 「行く, 来る」는 자기 자신이 있는 장소에서의 이동인가, 자기가 있는 장소로의 이동인가에 따라 사용법이 달라진다. 이것은 '자신'(나)중심의 파악이라고 해도 좋을 것이다. '외부(そと)영역'(他者 측)과 '내부(うち)영역'(자기 쪽)의 관점에서 말하면, 내부(うち)에서 외부(そと)로, 외부(そと)에서 내부(うち)로의 차이라고도 말할 수 있다. 여기에서 이번에는 다른 동사에 붙은 경우를 보자.

或る俥宿の前まで来ると、客は仙吉を待たせて中へ<u>入って行っ</u>た。間もなく秤は支度のできた宿俥に積み移された。「では、頼むよ。それから金は先で貰って呉れ。其事も名刺に書いてあるから」と言って客は<u>出て来</u>た。(志賀直哉「小僧の神様」)

어느 차부집 앞에 오자, 손님은 센키치를 기다리게 하고 안으로 <u>들어갔</u>다. 얼마 후 저울은 준비된 숙소인력거에 옮겨 실려졌다. '그럼, 부탁하네. 그리고 돈은 그쪽에서 받게. 그것도 명함에 써있으니까'라고 말하고 손님은 <u>나왔</u>다. (시가 나오야「꼬마의 신령님」)

역시 마찬가지로, 현재의 仙吉의 위치에서 본 이동, 멀어져 가는가 가까워지는가를 구별하여 동사를 사용하고 있다. 센키치의 눈은 당연히, 작가 시가나오야의 시점이기도 하다. 문장이나 담화 속에서는 화자의 시점이 문중 인물에 있다는 점도 놓쳐서는 안 된다.

지리적인 이동이 아닌 경우도 물론 있다. 일종의 상태변화이기도 하나, 그러한 상황의 진전변화조차 「行く」나 「来る」를 붙여서 화자의 시점을 확실히 한다.

仙吉には「あの客」が益々忘れられないものになって行った。兎も角あの客は只者ではないと云ふ風に段々考へられて来た。
(志賀直哉「小僧の神様」)

센키치에게는 '그 손님'이 점점 잊을 수 <u>없게 되었다</u>. 아무튼 그 손님은 보통사람이 아니다, 라고 점점 <u>생각하게 되었다</u>.
(시가 나오야「꼬마의 신령님」)

이렇게 되면 「行く」나 「来る」의 본질은, 이동이라기보다 표현자의 시점에서 화제의 대상을 어떻게 취하는가, 자기와 대상과의 관계를 분별해서 말하는 역할이라고 말하는 편이 좋을지 모르겠다. 일본어에서는 「向うへ走る」라든가 「こちらへ歩く」와 같이는 절대 말하지 않는다. 화자의 시점에서 「走って行く」「歩いて来る」로 표현하여, 그것으로 '向うへ(저쪽으로)', 'こちらへ(이쪽으로)'의 의미까지 나타내는 것이다. 화자를 중심으로 해서 '화자 측에서부터', '화자 측으로'의 방향성은, 수수표현의 「やる, くれる, もらう」와 똑같은 것이다.

→来る │ 자신측 │ 行く→

　지리적 이동이 아니라도, 「行く年, 来る年(가는 해, 오는 해)」 「巡りくる秋(돌아오는 가을)」 「早く来い来い, お正月(빨리 와라 와, 설날아)」 등과 같이 말할 때의 시간적인 이동을 가리킨다. 그 외에는 인간의 죽음을 「逝く(죽다)」라고 말하기도 하고, 「順調にいく(순조롭게 되어가다)」 「しっくりいく(마음이 맞아 원만하게 되어 가다)」와 같이 상황의 진전이나 「頭にきた(화가 머리끝까지 치밀어 올라왔다)」 「ぴんとくる(느낌이 확실히 오다)」와 같이 어떤 상황에의 도달을 말한다. 「痺れが足に来る(발이 저려오다)」 「貧困から来る心のすさみ(빈곤에서 오는 마음의 황량함)」에서 나타나는 상황의 출현이나, 원인·유래, 또 관용표현인 「年端もいかぬ(나이도 차지 않다)」나 「合点が行く(수긍이 가다)」 「一杯行こう(한잔하자)」에 이르기까지, 실로 여러 가지 표현에 「行く」나 「来る」가 쓰이고 있다. 그러나 공통적으로 말할 수 있는 것은, 움직임 본연의 자세에는 차이가 있다 하더라도 어느 것이든 화자의 시점을 기준으로 구별하여 말한다는 점은 강조해도 좋을 것이다. 어떻든 「来る」는 화자의 현시점으로 접근 도달하는 의식, 「行く」는 현시점에서 멀어져 가는 의식인 것이다. 이것은 본동사로서의 독립된 용법이나 보조동사로서 다른 동사에 접속하는 경우에도 변함이 없다.

　'화자의 시점에서 본 대상의 파악의식'이란, 자기를 만물의 중심에

두고, 자기(나/우리들)를 기준으로 주위의 현상을 보려고 하는 것이다. 그 때문에 화제가 되는 사물은 모두 자신의 눈이나 감각의 창구를 통해서 알게 된다. 이것은 객관적인 존재 그 자체가 아니라, 자기의 눈에 비친 영상과 같은 것이다. 어디까지나 화자의 마음에서 취한 대상이라는 것으로, 화자의 피가 통하고 있다.「子供が水飲み場へ走る(어린이가 수돗가로 달리다)」는 어린이가 어떤 목적 지점으로 이동하는 객관적인 사실 설명에 지나지 않는다. 그런데 이것을「子供が水飲み場へと走って行く(어린이가 수돗가로 달려간다)」라고 하면, 화자인 자신의 눈을 통해서, 점차로 어린이가 시야의 저편으로 멀어져 가는 모습이 부각된다. 실로 살아있는 광경이 아닌가.

  일본어는 상황의 개념적인 표현을 즐겨 쓰지 않는다.「消える(사라지다)」라든가「現れる(나타나다)」라든가 하는 소멸이나 발생을 의미하는 말은, 어디까지나 자신이 있는 장소, 지금 보이는 시계(視界)의 범위라고 하는 구체적인 상황에서 취하려고 한다. 따라서「消える」는「消えていく」,「現れる」는「現れてくる」로「ていく」나「てくる」로 나타내며, 그와 같은 어미의 변화가 정해진다. 자기 쪽에 다가오며, 자기의 시계 안으로 들어오는 의미의 말은「てくる」이다.「勇気が湧いてくる(용기가 솟아나다)」「父の思い出が心に甦ってきた(아버지에 대한 추억이 마음에 되살아났다)」「良い考えが浮かんでくる(좋은 생각이 떠오른다)」「急に恥ずかしさが起こってくる(갑자기 부끄러운 생각이 든다)」등, 예는 많다. 반대로 자기 쪽에서 멀어져 가는, 시계에서 사라져 가는 의미의 말은「ていく」가 붙기 쉽다.「古代史の中で、多くの国々がつぎつぎと滅んでいく(고대사 속에 많은 나라들이 하나 둘 사라져 간다)」,

「だんだん自信が失われていった(점점 자신이 없어져 갔다)」「この世から森林が消えていく様子を静観していられない(이 세상에서 삼림이 없어져 가는 모습을 가만히 보고 있을 수 없다)」 등이다.

화자의 시점에서 본 「行く」「来る」

그런데 화자의 현시점이 기준이 된다고 하더라도, 그 시점은 현실의 장면에서 자신의 시선에만 한정되지는 않는다. 만일 현재의 자신의 시선밖에 기준이 되지 않는다고 하면, 소설은 작가의 집필 시의 시선만 기준이 된다는 것이며, 이것은 너무나 옹색하다. 다행스럽게도 언어는 자유롭게 시점의 위치를 변경할 수 있기 때문에, 작가는 임시로 작중인물로 옮겨가서, 그 인물의 시선으로 상황을 바라본다. 더욱이 그 인물이 어딘가로 이동하면, 그에 따라 작가의 시점도 자유롭게 옮겨갈 수 있기 때문에 편리하다.

町では人々が軒先で涼んでゐた。漸く醫者の家へ来たが、醫者は五町程先の絲取り工場へ行って留守だった。(志賀直哉「和解」)

마을에서는 사람들이 처마 밑에서 시원한 바람을 쐬고 있다. 간신히 의사의 집에 왔으나, 의사는 500미터 남짓 떨어진 실 잣는 공장에 가고 없었다. 　　　　　　　　　(시가 나오야「화해」)

「私」라는 인물이 의사의 집에 도달하는 것과 동시에, 작가의 눈도 의사의 집으로 옮겨가 있다. 따라서 주인공의 도착을 맞이하는 기분

으로「来る」를 취하고 있으며, 그때 이미 의사는 다른 장소로 이동한 후이므로「絲取り工場へ行って」라고, 현장으로부터 멀어져 가는 시점으로 바라보고 있는 것이다. 다른 예를 하나 들어보기로 하자.

この間東京で二重橋に<u>行っ</u>たら洋服を着た下等な男が十二三人
旗を立てゝ俥で<u>やって来た</u>が…、　　　　　（山本有三「女親」）

일전에 도쿄에서 니주바시로 <u>가니</u> 양복 입은 천박한 남자 열두서너 명이 깃발을 들고 인력거를 타고 <u>왔으나</u>…, （야마모토 유조「모친」）

작가의 눈은「私」라는 인물과 함께, 니주바시를 향하는「行く」이 동행위로서 취하고 있으며,「行ったら」의 문맥점에 이르러, 시점은 니주바시의 장면으로 옮겨진다. 따라서「下等な男が俥でやって来た」라고, 이번에는 맞아들이는 의식으로「来る」를 사용할 수 있는 것이다.

이와 같이 표현에 있어서 시점이라고 하는 것은, 의식 아래에서 대상과의 상대관계이다. 그것도 표현자의 시점은 자유롭게 등장인물의 눈으로 옮겨지고, 그 이동에 따라 순식간에 화제의 장소로 시점을 옮긴다. 이것은 결국 서술이라는 것이 항상 문맥의 흐름 속에서 유동적으로 위치를 옮겨가는 표현자의 시점으로 받아들여지며, 묘사되고 있는 것이다. 그와 같은 가장 특징적인 언어형식의 하나가「行く, 来る」라고 말할 수 있다. 따라서 문장 중에「行く, 来る」를 생각해 보면, 작가의 눈의 이동을 찾을 수 있으며, 일본어 특유의 자기중심적

파악의 태도도 이해할 수 있을 것이다.

　화제의 대상을 하나하나 자신과의 관계에서 「行く」나 「来る」라고 인식해 가는 것은 매우 번거로운 것 같으나, 외부(そと)인 사물·현상을 오로지 내부(うち)인 자신의 눈으로 파악해 가려고 하는 일본어의 특질로 잘라 말하는 수밖에 없다. '사람'을 늘 생각하지 않고는 일본어는 존재하지 않는다는 것이다.

14 경어표현의 본질

일본어의 경어

일본어는 누구나 알고 있듯이 경어가 특히 발달되어 있다. 사람을 존경하는 마음은 어느 나라 사람에게서나 볼 수 있는 일이지만, 경어가 언어의 문법이나 어휘 속에서 체계적으로 정비되어 있다는 점이 특색 중의 하나라는 것은 널리 알려져 있다.

경의표현은 헤이안시대에 급격하게 발달했다고 하며, 특히 궁중생활에서의 일상회화나, 『겐지모노가타리(源氏物語)』나 『마쿠라노소시(枕草子)』로 대표되는 가나문자로 쓰인 문학작품에서 보이는 표현이, 그 극치라고 말할 수 있다. 헤이안시대의 상류계급의 언어에서 이렇게 경어가 발달한 이유는, 배경이 되는 당시의 상류사회의 계급제도와 무관한 것이 아니다. 황실을 정점으로 한 후지와라씨 일족 이하 종(縱)으로 이어지는 궁중에서의 신분제도는, 이에 속한 사람들의 인간관계를 상하로 나누어, 이에 상응하는 언어를 사용할 수밖에 없었다. 자기가 위치하고 있는 신분과 상대방 신분과의 상대적 관계라고 생각해도 된다.

이것은 헤이안시대의 언어에만 해당하는 것은 아니다. 회사에서 상사와 부하와의 관계에서도 각각의 지위에 상응하는 언어사용으로 커뮤니케이션을 행하지 않으면, 인간관계가 삐걱거린다. 동시에 동년배 사이라면, 서로 같은 눈높이 언어로 마음 편히 대화를 나눌 수 있다. 일상의 보통 대화가 그대로 직장에서도 적용된다. 즉 경어와 같은 특별한 말을 사용하지 않으면 안 되는 상대는, 자신과는 다른 영역에 속하는 '외부(そと)' 존재라고 인식되는 것으로서, 일부러 특별한 언어로 상대를 대우하지 않으면 안 되는 것이다.

일본어에서는 신분이나 지위, 즉 사회적인 기준 이외에 직업이나 그와 관련된 업무에 자신이 속하는 사회, 연령이나 성별에 기준을 둔 위상차(位相差), 이러한 모든 요소가 당사자의 언어를 규정하는 조건이 된다. 이것뿐만이 아니다. 대화를 하는 양자 간에 이와 같은 차이가 있을 때, 상대적으로 그러한 관계에 알맞은 언어선택을 하지 않으면 이상한 일본어가 되어 버린다.

경어표현에 나타나는 '내부(うち)·외부(そと)' 의식

상대방과 자기 자신, 이와 같은 언어사용을 규정하는 사회적 조건에서, 같은 영역에 있다고 인식하면 그 상대방은 '내부(うち)'측의 인간, 즉 자기의「なわばり(세력권)」안의 사람인「仲間(동료)」로 인정한다. 이것이 바로「私たち」인 것이다.

새삼스레 경의표현을 사용할 필요가 없는 '내부(うち)사람'과는 달리, 이에 벗어나는 상대방이나 대상, 영역 외의 인간은 당연히 '외부(そと)'사람이 된다. 일본어에서는 외부(そと)사람은 마음을 열지 않는 상대로서, 점잖은 '격식 차린 언어'를 사용하여, 인간관계에 거리를 두지 않으면 안 된다. 외부(そと)사람은 「われわれ」대우를 하는 것이 아니라 「私」에 대한 「あなた」, 즉 「あちらのほうの人(저쪽의 사람)」(「あなた」의 어원은 「あちらのほう(저쪽 사람)」이다) 취급을 하는 것이다.

경어표현을 '대우표현'이라고 하는 것은, 이 같은 대인관계에서 상대방의 취급이 표현형식을 결정하는, 말하자면 경어 사용법은 상대방을 대우하는 본연의 자세를 반영한 것으로 생각할 수 있기 때문이다. 상대나 대상을 '내부(うち)'와 '외부(そと)'로 구별하여, 세력권 의식으로 언어사용까지 변하게 하는 사상은, 말하자면 극히 자기중심적인 의식과잉의 발상이라고 말할 수 있다.

따라서 일반적으로 말하는 '경어라는 것은 상하관계에 의한 언어 사용이다'라는 생각은 올바르지 않다. 이 같은 객관적이고 분명한 인간관계의 행위가 아니라, 조금은 인간적인 자기본위의, 자기 스스로가 본 '내부(うち)' '외부(そと)'관계에서 사람을 구별하는, 상대방 측에서 보면 역겨운, 섬나라 근성이 뚜렷이 나타난 언어의식인 것이다. 그것은 자기의 「なわばり」를 완강히 내세우며, '우물 안 개구리'식의, 좀처럼 타인을 그 안에 수용하려고 하지 않는 일본인의 고지식함, 타인과 융화하기 어려운, 타인 측에서 본다면 가까이 접근하기 어려운, 친해지기 힘든 상대로 비추어지는 마이너스적인 측면이라고도 할 수 있다.

국제사회에서 개인 수준에서나 국가 수준에서나 모든 다른 나라 사람들이 이해하기 어려운 일본인이라고 경원(敬遠)하는 것도, 의외로 이 같은 일본적인 대우표현과 근원을 함께 하는 것일지도 모른다.

처음 만난 사람과 곧 마음을 열고 부드럽게 대화를 하며, 농담이나 유머도 나눌 수 있는 외국인의 눈으로 보면, 접근하기 어렵겠구나 하고 첫 대면부터 마이너스 인상을 주는 것도, 일본인이 상대방을 어떻게 대우해야 할지 망설이는 습관에서 온다.

타인과 가족 모두가 함께 교류하는 것이 다반사인 외국인 가정에서 본다면, 가정 내에서조차 인간관계에 따라 대우를 달리하는 일본인 사회는 이해하기 어려울 것이다. 상대방을 '외부(外)'사람으로 거리를 두고 스스로 한걸음 물러서서 대치하려고 하는 태도에 '겸손의 미덕'이라는 듣기 좋은 겉치레로 말하는 것도 일본인끼리이기 때문에 통용되는 것이다. 외국인에게는 일본인이 무엇을 생각하고 있는지 알 수 없는 경계심만 심어주게 된다. 일본인이 허리를 굽히고 타인을 대하는 것도 이러한 겸양의 정신에서 나온 것이지만, 사람과 거리를 두는 것은 외부사람으로 취급하는 것뿐이다. 일본인이 '미안합니다' '죄송합니다'라고 머리를 숙이며 금세 사과하는 습관이 몸에 배인 것도, '세력권의 외부(そと)에 있는 사람은 자기의 의지대로 되지 않는 상대'라는 고정관념을 갖고 있기 때문이다. 사양한다던가 사람을 경원하는 행위도 결국은 이와 같은 일이며, 이것을 바람직한 일이라든가 마이너스 이미지로 반영하는 것은, 평가하는 사람이 처한 사회의 생활습관에 따른다.

어쨌든 외국인의 눈에서 보면, 일본인 사회의 인간관계는 복잡 괴이(怪奇)하다고 밖에 비춰지지 않으며, 일본인과 마음을 터놓고 대화할 수 있는 것은 매우 어려운 일이라고 느끼게 되는데 참으로 유감스러운 일이다. 경어표현에서도 일본인의 눈에서 보면 '아름다운 일본어'라고 확신하고 있는 것이, 외국인에게는 바르게 인식되고 있지 않다. 단지 "자신의 울타리 속에 갇혀있는 '폐쇄성'의 현상"으로 받아들이고 있는 것이다.

'내부(うち)' 대 '외부(そと)'의 관계에서부터, 외부(そと)인 상대방을 경원하고 있던 사람이 드디어 가까워지면, '공손하며 가까이 하는' 말 그대로 일정한 거리를 유지하면서 인간관계를 유지하고자 한다. 더욱이 외부(そと) 상대와의 거리를 좁히고 세력범위를 동등하게 하려는 마음이 생기면, 외부(そと)인 상대를 내부(うち)에 끌어들이는 행위보다는, 자기를 상대에게 맞추면서 세력범위를 공유하고자 한다.

일본인이 허리를 굽히는, 즉 정중함의 근원은, 상대와 같은 위치에 있고자 하는 배려로 볼 수 있다. 그 결과가 '겸양의 미덕'이 되는데, 예를 들면 앞에서 말한 사죄의 표현 '미안합니다' '죄송합니다'가 때로는 답례인사나 감사표현이 되며, 더 나아가 사람을 방문할 때 인사말이나 남에게 말을 걸 때의 표현이 되는 것도, 외부(そと)인 상대가 이쪽에 맞추어서 접근해 오며, 같은 동지 '우리들'의 입장에 서서 여러 가지 귀찮은 일들을 보살펴 주기 때문에 '아, 정말 미안합니다'라는 감사표현이 되는 것이다.

또 점원에게 말을 걸 때「あのう、ちょっと、すみません(저…좀 미안합니다)」라고 말하며, 남의 집을 방문해서「ごめんなさい」「ごめんください」(죄송합니다/실례합니다)라고 문을 두드리는 것도, 타인의 영역에 들어가고자 하는 일에 저자세적인 사죄와, 외부(そと)인 자기를 상대방의 '내부(うち)'에 받아주길 바라는 간절한 마음을 표현한 것이다.「今日は」라는 인사로 상대방의 영역에 들어가는 것과, 마음은 똑같은 것이다.

경어표현의 구조

이제 본 주제인 경어의 구조로 들어가 보기로 하자. 경어는 종적사회인 일본의 구조에 맞춘 상하의 인간관계의 표현으로 생각된다. 그러나 이러한 생각이 반드시 올바른 것은 아니다. 예를 들면, 밖에서 명백히 자기보다 나이가 어린 어린이가 길을 물어올 때 첫 대면하는 어린이에게 경어를 사용하는 일이 있다.

- 「駅へいらっしゃりたいのですか。駅なら、すぐそこの角を曲がって真っすぐいらっしゃれば、じきですよ」
  역에 가시고 싶은가요. 역은, 바로 옆 모퉁이를 돌아서 곧장 가시면 바로 예요.

그런가 하면, 선배임에도 불구하고, 퇴근 후 함께 술집에서 시간을 보내면서, 허물없이 말을 거는 일도 흔하다.

- 「先輩、先輩は単身赴任だから、気楽でいいよなあ…」
  선배, 선배는 단신부임이라서 신경 쓸 일이 없어 좋겠네….

결코 상하관계로 정확히 존경이나 겸양표현을 구별해서 사용하는 것은 아니다. 이것을 어떻게 설명하면 좋을까. 아무래도 경어 사용은, 상하의 인간관계만으로 정해지는 것은 아닌 것 같다. 경의표현은 상대를 어떻게 대우하는가에 의해 경어 사용법을 구별하는 것이므로, 대우의 기준이 문제이다. 같은 인간관계에서도 때와 장소에 따라 경어를 사용하기도 하고 사용하지 않기도 하는 것은 체험적으로 알고 있다.

즉, 상대에 대한 대우라고 하는 것은 절대적으로 고정적인 것은 아니다. 술집과 같은 편안한 장소에서는 직장에서와는 달리 서로가 마음이 통하는 친밀한 관계가 된다.

한편 전혀 알지 못하는 사람과는 설령 상대가 부담 없는 편한 어린 아이라고 할지라도, 역시 소원한 관계로 밖에 인식할 수 없으며, 때로는 점잖게 '격식 차린 언어'를 사용하게 된다. 부자관계에서도 보통「お父さん、今晩は何を召し上がる?(아버지, 오늘밤은 무엇을 드실래요?)」라고 경어를 사용하던 것이, 어떤 특별한 상황에서는 반말 투로「お父さんなんか、大っ嫌い!(아버지 같은 사람, 정말 싫어!)」라고 거칠게 말한다. 마음속에서는 부모다, 자식이다, 하는 구별의식이 없어진 것이다.

경어표현에 나타나는 대인(対人)의식

격식 차린 언어·보통 쓰이는 언어의 구별은, 실은 상대방이나 대상이 되는 인물이 어떤 사람인가 하는 인식의 차이에 의한다고 말할 수 있다. 그 인식은 친소(親疎)관계에 의해 먼저 방향이 정해지는데, 그때그때의 대인의식이 결정적인 요인이 된다. '친하다' '소원하다'라고 해도, 그것은 어디까지나 화자의 일방적인 의식이며, 그때그때 상황에 따라 달라진다. '친하다'라는 것은 세력범위를 함께 하는 상대, 즉 '우리들', '내부(うち)'사람이라는 의식이다.

한편, '소원하다'라는 것은 이쪽의 영역 외부(そと)에 있는 사람, 즉「私」에 대한「あなた」, '외부(そと)'사람이라는 의식이다. '내부

(うち)' 사람이므로 경어표현 따위는 필요 없으며, 편안하고 마음이 통하는 상대로 생각하는 것이다.

다른 한편 '외부(そと)'사람이라는 인식은 신경이 쓰이는 상대, 간격을 갖는 편이 무난한, 아직 안심하고 나의 동료로는 받아들일 수 없는, 세력범위 안에 넣지 않는 대상인 것이다. 이상을 도표로 나타내면 오른쪽 그림과 같다.

자기중심적으로, 상하의식(세로축)·친소의식(가로축)의 좌표를 그려서, 「私」로부터 보면, 상대방이나 대상인 인물은, ア「上で、しかも疎の関係(윗사람이면서, 소원한 관계)」イ「上だが, 親の関係(윗사람이면서 친한 관계)」ウ「下で、しかも親の関係(아랫사람이면서, 친한 관계)」エ「下だが, 疎の関係(아랫사람이면서, 소원한 관계)」의 어딘가에 속한다. 긴장되는 윗사람인 타인이라면 당연히 ア이며, 손위 형제는 イ가 된다. 남동생이나 여동생은 ウ가 될 것이다. 앞에서 나온 예, 길에서 우연히 만난 어린아이는 エ이다. 근무 중의 회사선배는 ア이지만, 예를 들어 술집 등에서 기분여하에 따라 ア도 되며 イ도 된다. 부인 측에서 본 남편은 대등 의식이면서, イ와 ウ의 경계선상에 있을 수 있으나, 부부에게 상하관계를 동반하는 사이라면 ア가 된다. 형제가 연상도 연하도 의식하지 않는 가정이라면, 서로 모두 イ와 ウ의 경계선상에 있게 된다.

여기까지는 「私」를 중심으로 한 인간관계의 본연의 자세이지만, 그 내부(うち)의 어느 범위까지를 자기의 세력권으로 의식하는가는 사람에 따라 차이가 있다. 우선 가장 일반적인 모습으로는, 자기의 세력권이 되는 영역('내부(うち)'의식)에 사선을 그어 두자. 사선 안에 있다고 의식하면 그 인물에는 경의 표현을 행하지 않는다.

말을 아름답게 꾸미기도 하고 정중하게 하기도 하는 것은 화자 자신의 인간성에 의한 것이며, 또 대화 상대나 장면에 관한 배려에서 생기는 현상으로, 여기에서 말하는 경어표현이라는 것과는 구별해야

한다. 경의표현은 상대나 대상으로 하는 인물을 자신과의 관계에서 '내부(うち)사람'이라고 의식하는가 의식하지 않는가, 즉 자기와의 심리적 거리여하에 따라 언어를 구별하여 사용한다고 말할 수 있다.

  이와 같이 생각하면, 경어를 서로 사용하는 아름다운 인간관계라고 해서 무작정 기뻐할 수만도 없다. 경어에 의한 경직된 대화의 주고받음에는 왠지 차갑고 냉정한 인간관계가 너무나도 잘 느껴진다. 직장과 같이 의식적으로 경어를 사용하지 않으면 안 되는 장면에서는 마치 목단이 옷으로 몸을 감싼 것 같은 답답함과 거북함을 느낀다. 이러한 상황에서 해방되면 평상복으로 갈아입는 듯한 해방감을 느끼는 것도, 세력권의 외부(そと)상대와 접하는 긴장감으로부터 오는 것이다. 참으로 일본인은 '내부(うち)' '외부(そと)'를 의식하는 민족인 것이다.

15
완곡표현과 일본어

완곡표현을 키운 환경

일본인의 폐쇄성은 섬나라적인 폐쇄된 사회구조에 기인한다고 말해져 왔다. 사면이 바다로 둘러싸인 국가는 국경을 접하는 일이 없기 때문에, 아무래도 다른 나라(외부(そと)세계)와 교류가 서툴다.

일본은 쇄국상태를 오래 경험했다. 번(藩) 정치에 의해 이웃 번(藩)에 가는 것조차 통행증을 필요로 했던 서민에게는 마음대로 다른 지역과 왕래하는 것이 서툴 수밖에 없었다. 자주 해외여행을 하게 된 것도 아주 최근의 일이다.

게다가 사회기구는 근세까지 완전히 계층마다 단절되어 벽을 쌓고 있었다. 무사와 서민과는 지배기구가 다르며 승려 등, 절과 신사는 또 차원이 다르다는 식으로 사회구조가 철저히 격리주의로 일관되었다. 무사는 자자손손까지 대를 이어 번의 무사이며, 서민은 그 번의 서민인 상태로 자기가 속한 계층·사회에 평생 융합되지 않으면 안 되었다.

이것은 형태를 바꾸면 현대에도 통하는 것으로, 정년을 맞이할 때

까지 자기가 근무하는 회사나 관청에 몸을 두고 멸사봉공「おらが 社(나의 신사)」「うちの役所(우리 관청)」를 위해서 계속 봉사한다. 자연히 사원에게는 가족의식이 싹트고, 가족적 관계를 구성해 간다. 미국사회와 같이 자유롭게 다른 회사로 옮기는 행위는 국민감정으로 서 받아들이기 어렵다.

서구에서 들어온 스포츠가 선수의 자유계약성에 의해 이적이 가능 한 것에 비해, 스모와 같은 일본 고유의 경기에서는 헤야(部屋)제도 (은퇴한 스모 선수가 후배를 양성하는 합숙소 제도)에 묶여서, 은퇴 할 때까지 그 헤야를 위해서 본분을 다하지 않으면 안 된다.

다코쓰보(문어나 낙지를 잡는 항아리) 식의 폐쇄사회는 마을 구조 에서도 볼 수 있다. 일본의 토지번지는 一丁目, 二丁目, 三丁目… 와 같이 각각 일정한 구역으로 정리되며, 그 가운데를 몇 번지 하고 순서대로 할당해 간다. 동네이름도, 지명번지도, 모두 둘러싸인 폐쇄 된 영역에서 전체의 시나 마을을 구성하고 있다. 외국과 같이 도로 위주의 '무슨 무슨 길, 몇 번지'와 같이 지역 번지를 할당하는 것과는 전혀 다르다. 도로 중심으로 지역번지를 붙여 가는 방식에는, 둘러싸 인 영역도 폐쇄된 사회의식도 존재하지 않는다. 길은 세계로 통하는 열린 공간이기 때문이다. 일본에서는 교토 등에서나 겨우 이러한 도 로를 기준으로 지역 번지 방식을 볼 수 있다. 이것은 고대 중국의 거 리를 견본으로 만들어진 도시이기 때문이다.

예를 들면 끝이 없지만 하나 더 예를 들어 보자. 편지에서 상대의 주소를 쓸 때, 일본에서는 우선 都道府県의 이름으로 쓰기 시작해서, 그 다음에 시, 마을, 동네, 번지와 같이 넓은 구역에서 점점 좁은 쪽으 로 범위를 좁혀간다. 이것은 확실히 영역중심의 발상이다. 당사자의 몸을 두어야 할 세계, 어느 세계에 속하는가, 동심원에서 순서대로 좁은 영역으로 겹쳐지면서 한정된다. 어디까지나 소속된 폐쇄영역중심이다. 외국이라면 반대로 좁은 쪽에서 한 단계 윗 지역으로 나아간다. 당사자가 있는 지점이 문제이며, 그 '지점'이 어떻게 보다 넓은 세계로 연결되어 가는가를 문제로 하는 열린 공간으로서의 발상이다.

이것은 물건을 사고 거스름돈을 받을 경우, 일본에서는 큰 단위에서 먼저 천 엔짜리 지폐를, 그리고 나서 작은 단위로 동전을 건네주는 것에 비해, 외국인은, 최하위단위에서부터 큰 단위로 거스름돈을 내어 주는 방식과 매우 비슷하다. 요컨대 외국인은 당사자 개인에게 눈이 가고, 일본인은 그 당사자가 몸을 두는 사회에 눈이 간다. 그 사회는 당사자가 보면 '내부(うち)영역'인 것이다.

완곡표현의 효과

서두가 길어졌는데, 일본인이 상대와 접할 때 항상 상대가 속한 영역, 즉 '사회'를 먼저 염두에 두고, 그것을 기준으로 말을 선택하는 것도 이와 같은 이유에 의한 것이다. 상대방의 사회와 자신의 사회(즉 「なわばり」)와의 관계에 따라 대인의식에 커다란 차이가 생기며, '내부(うち)'사람에게는 솔직히 말할 수 있는 일이라도 '외부(そと)' 사람에게는, 말을 흐리거나 애매하게 표현하지 않으면 안 된다.

'외부(そと)'의식에도 여러 가지가 있으나 방심할 수 없는 상대에게만 한정되는 것은 아니다. 앞장에서 다루었던 손위의 상대, 경어로 말하지 않으면 안 되는 대상도 물론 여기에 포함된다. 그밖에 초면인 상대나 잘 알지 못하는 사람, 다른 회사에 속하는 동업자 등, '외부

(そと)'에 해당하는 사람은 가지각색이다.

'외부(そと)'라고 의식하는 사람에게 말을 할 때, 확실히 단정적으로 말하지 않고 완곡하게 말하려고 하는 배경에는, 간접표현에 의한 여러 가지 효과를 의도한 것이 존재한다. 그 효과라는 것은, 확실히 말하지 않는 것에 의해 생기는 상대방에 대한 경의의식을 먼저 들 수 있다.

- 「社長、迎えの車が参ったようです」
 (사장님, 타고 가실 차가 온 것 같습니다)

「車が来ました(차가 왔습니다)」로는 아무런 맛이 없다. 「ようだ」로 불확실한 단정을 사용함으로써 상대방을 받드는 마음이 나타난다. 이것은 나중에 서술할 추량표현의 특질과도 겹친다. 다음으로 그 자체의 모든 내용을 보여주지 않고, 간접적인 형태로 전하는 암시

적 용법에 의해, 상대에 대한 무례한 태도를 완화시키는 효과를 기대할 수 있다.

● 「今、お手空きですか?(지금, 한가하세요?)」

동료 사이라면 「ちょっと手伝ってよ(좀 도와줘)」라고 쉽게 부탁할 수 있는 경우라도 위와 같이 돌려서 말함으로써 상대에게서 한 발 물러나 대등 이상의 대우가 된다. 일본인은 노골적인 것은 '나쁘다'라는 관념이 강하다.

간접적인 화법은 일상생활에서도 종종 사용된다. 「お代わりをくれ(더 줘)」라고 말하지 않고 「味噌汁、まだある?(된장국, 더 있어?)」라고 말함으로써 가정 내에서 온화함이 유지된다. 「一を聞いて十を知る(하나를 들으면 열을 안다)」와 같은 재치를 상대에게 강

요하는 셈이지만, 그렇다고 해서 오해가 없도록 말을 지나치게 확실히 하는 것은 '지나치게 노골적인' 표현이 되어, 오히려 좋지 않다.

간접적인 표현이라는 것은 플러스 효과를 기대한 완곡 화법이며, 결코 어금니에 무엇이 낀 것 같은 변죽을 울리는 내용은 아니다. 그와 같은 마이너스 효과밖에 기대할 수 없는 표현법에서는, 오히려 '외부(そと)'사람의 심상을 나쁘게 한다. '외부(そと)'라는 의식 때문에 망설이며 말한다는 이단자 취급이 되기 때문이다.

간접적인 표현이라는 것은, 말의 줄기나 문맥의 전개에서 바로 앞 문장으로 다음에 오는 내용을 추측해 보기도 하고, 뒤에 오는 결과문에서 그 앞의 상황을 깨우치기도 하는 수사법이다. 「味噌汁まだある？あるなら、お代わりをください(된장국 아직 있어? 있으면 더 줘)」라고 말해야 될 것을 「味噌汁まだある？」로 끝마치는 것이나, 「出来が悪かった。だから、拍手が少なかった(결과가 나빴다. 그래서 박수도 적었다)」라고 순서를 밟아 말하지 않고, 「拍手が少なかったよ」로 암시하게 하는 표현이다. 이와는 달리 문맥의 순서와는 관계없이 전혀 반대 내용으로 나타내는 표현법은, 일종의 비꼼, 때로는 유머가 된다. 실제는 아주 엉터리였음에도 불구하고 「本当に良くできてるよ(정말 잘했구나)」라고 말하는 예들이다.

간접적인 표현을 사용하는 의도는 상대에 대한 염려, 상대방을 받드는 마음, 때로는 '외부(外)'인 상대에 대한 경원하는 의식이 주된 원인이다. 그런데 일본인이 이와 같은 간접적인 완곡 서법을 예술의 세계에서 대성시킨 것은, 참으로 재주 있는 민족으로 놀라운 일이다. 하이카이(俳諧:유머러스한 와카의 한 형식)가 그러하며, 노(能)가 그러하다. 깊고 고상함, 유현(幽玄)함은 일본문학의 진수라고도 말할

만한 미의식이지만, 둘러말하는 완곡표현이라는 의미에서는 앞에서 말한 '외부(そと)'사람에게 지장이 없는 대처법과 공통된 근간에서 유래한 것으로 볼 수 있다.

「～という」「～といった」의 용법

간접적인 서법으로「～という」「～といった」를 많이 사용하는 것을 들 수 있다. 일본인은 확실히「あなたは…」라는 말에 저항이 있으며「あなたという人は…」라고 둘러서 말하려고 한다.「～という」를 붙임으로 인해 말하려고 한 것에 대한 초점범위를 넓히고, 보다 일반화된 형태로 말하려고 한다.

「東京は…」라고 말하는 것보다「東京という街は…(도쿄라는 거리는…)」라고 하는 것이 보다 개념적이며, 특정한 시간이나 장소에 구애받지 않는 도쿄 일반을 예로 들고 있다는 의식이 된다.「お前という奴は…(너라는 녀석은…)」라든가,「八月という月は…(8월이라는 달은…)」와 같이, 문제시 삼는 대상을, '그러한 것을 포함한 일반적인 대표로서 취급하는 것이다'라고 초점을 흐리게 함으로써 강렬함을 완화해 주고 있다.「例えばお前のような人間は…(예를 들면 너 같은 인간은…)」와 같은 비유의식에 가깝다. 비유도 일종의 완곡 서법이다.「芋を洗うような混雑(감자를 씻는 듯한 혼잡함)」이라든가,「雲突くばかりの大男(구름을 찌를 듯이 큰 남자)」라는 비유가, '굉장한', '대단한'의 강조표현의 보조로서 간접적인 표현이 되었다는 점에 비유의 효과가 있다. 그리고 보면「～という」도,「今日という今日は…」와 같은 예에서는 강조표현이 된다.

「いわゆる」의 용법

　직접적인 지시를 피하는 방법으로서「いわゆる」도 일본인이 즐겨 쓰는 말 중의 하나이다.「いわゆる嫌煙家たちは…(소위 흡연혐오가들은…)」이라든가,「いわゆる医者の不養生という奴である(소위 의사가 불섭생하는 경우와 같은 자들이다)」등 자주 눈에 뜨이지만, "세상이 그처럼 말한다"라고 하는 어원대로,「いわゆる」는 화자 개인의 주장・의견으로서가 아니라 세상의 일반 이야기로서 서술하는 '초점을 흐리는' 일본어이다. 자기(내부(うち)측) 문제를 세상 일반(외부(そと)측)의 일로 문제에 객관성을 부여한다고 말해도 좋을 것이다.「いわゆる数値目標という餌で、労働者を駆り立てる(소위 수치목표라는 구실로 노동자를 휘몰다)」와 같이「いわゆる」는「～という」와 세트로 사용되는 경우도 많다. 이것도「例えば政治家という職業は…(예를 들면 정치가라는 직업은…)」와 같이, 비유와 세트가 되어 사용되는 것과 공통된다. 표현의 간접화・완곡법의 일종이라고 보아도 좋다.
　일본어는 다른 많은 외국어에서 나타나는 확실한 의사표시인 단정은 피하려는 경향이 짙다고 한다. 그러나 이상 보아온 몇 가지의 예에서도 알 수 있듯이, '외부(そと)' 사람에 대한 배려에서 '내부(うち)측' 의견의 초점을 흐리게 하여 전달하는 완곡법이나 간접적 말투가, 결국은 '내부(うち)'의 문제・의견을 의도적으로 흐리게 하여 간접화하는 일로, 오히려 내용에 객관성을 부여하는 표현기교를 획득하고 있다. 이것은 멋있는 일로, 이와 같은 부산물을 만든 일본어의 표현법에 일본인들은 매우 감사하지 않으면 안 된다.

16

추량표현과 일본어

추량표현의 발상

　일본인의 폐쇄성은 사회나 생활에 이르는 모든 곳에 나타난다. 자신의 영역을 확실히 정해서, 그 범위 안과 '외부(そと)'를 엄격히 구별하려고 한다. 예를 들면 일본의 가옥이나 집 구조를 보아도, 그렇게 크지도 않은 건물을 작고 좁은 방으로 칸막이를 하고, 장지문이나 맹장지로 세세하게 구별하여 나눈다. 각각이 독립된 하나하나의 영역인 것이다. 집의 부지도 울타리로 경계를 그어 막힌 공간을 만들어낸다. 그것이 자신의 '세력권'인 것이다.
　인간관계도 이와 같으며, 각자가 서 있는 자리를 구별해서 '내부(うち)'와 '외부(そと)'를 확실히 하고 싶어 한다. 경어를 많이 사용하는 것 등은 실로 이러한 인간관계를 반영한 것인데, 자신의 손이 미치지 않는 '외부(そと)'세계를 '내부(うち)측'에서 관망하며 자기 자신의 '세력권'인 것처럼 채색해 버린다. 앞장에서 조금 다루었던 「～ような」「～ように」의 비유가 바로 그 전형적인 발상이다.

- まるで病院のような建物。　　　마치 병원과 같은 건물.
- わかったような顔をしている。　　이해한 듯한 얼굴을 하고 있다.
- いかにも忙しいというように、脇目も振らず手を動かしている。
  자못 바쁜 듯이, 한눈도 팔지 않고 손을 움직이고 있다.

'건물'도 거기에 있는 '사람'도 외부(そと)의 존재로, 직접적으로는 자기 자신과 관계가 없으며, 진실된 면을 알 수가 없다. 그것을 이쪽의 상상으로 묘사하는 판단이며, 마음대로 그것들을 색칠해 버린다. '병원과 같다'라든가, '이해한 듯한 모습'이라든가, 혹은 '바쁜 것이다'라고 '외부(そと)'의 존재물에 이쪽에서 준비해온 상표를 붙여 버린다.

비유는 일종의 월권행위로, '세력권의 외부(そと)'의 것을 자기의 '세력권 내부(うち)'에 끌어들이는 작위적 행위라고도 말할 수 있다. 마치 일본 정원이 울타리 속의 풍경뿐만 아니라, '외부(そと)'세계의 산이나 숲까지도 빌려온 경치로 끌어들이는 것과 비슷하다. '내부(うち)'와 무관계인 외부세계를, 마음대로 자신의 세력범위인 것처럼 자신의 형편에 맞게 의미를 붙여 해석하는 것이다. 산이나 숲은 이미 우리 정원의 일부인 것이다. '외부(そと)'를 '내부(うち)'와의 연속으로 받아들임으로 인해, 우리의 세력범위는 무한히 넓어진다. 일본가옥의 방이 장지문을 제거함으로서, 객실이 더욱 넓어지고 응접실이 되는 것도, '외부(そと)'를 '내부(うち)'로 받아들인 연속의식의 표현이다.

언어도 이와 똑같은 발상으로, 비유적인 표현에 의해 자신의 촉수는 점점 넓어지고, 자유롭게 무엇이든 자기 방식의 해석이나 이해를

가능하게 한다고도 말할 수 있다. 저자는 어린 시절에 어머니와 친한 모 부인을 「あの大福餅を踏み潰したような顔の小母さん(찹쌀떡을 눌러 놓은 듯한 얼굴의 아주머니)」라고 비유했을 때 '잘도 표현하네'하고 부모님께 칭찬들은 적이 있다. 「大福餅を踏み潰したような」라고 비유한 것에 의해 이쪽의 세력권은 그 부인에게까지 미치게 된 것이다.

「ようだ」의 용법

그런데 밖에 있는 건물을 묘사하면서 '병원과 같은 건물'이라고 서술한 묘사가, 한걸음 더 나아가 그 건물을 '병원과 같다'라는 추정 판단으로 전환한다. 실로 '외부(そと)'의 존재를, 이쪽의 의도대로 '그럼에 틀림없다'라고 결정해 버리는, 일방적인 세력권의 확대이다. 이같은 표현을 '불확실한 단정'이라고 부르는데, 비유와 불확실한 단정의 발상 근원은 공통된 것이다.

확실함이 결여된 판단으로 한다는 것은, 말하자면 그 대상에 대해서 대충 짐작이 가는 '추량 표현'의 일종이라고 말할 수 있겠다. 고대어에서도 비유로 「ごとし」가 사용되었으며, 지금도 「光陰矢のごとし」(세월은 활과 같다)라든가, 「有って無きがごとし」(있어도 없는 것과 마찬가지)와 같이 쓰이는데, 이것도 불확실한 단정의 추량 표현으로 전환한다.

わが抱く思想はすべて
金なきに因するごとし

秋の風吹く　　　　　　　（石川啄木『一握の砂』）

　　내가 품는 사상은 모두
　　돈 없어 생긴 것과 같구나
　　가을바람이 분다　　　　　（이시카와 다쿠보쿠『한줌의 모래』）

「ようだ」는 불확실한 단정이라고 해도 판단의 근거가 되는 실마리가 현재 있고, 그것을 근거로 '이렇다'라고 자기류의 판단을 내리는 것이기 때문에, 확실성은 상당히 높다. 앞장에서 서술했듯이, 손윗사람에 대해「社長、お車が参ったようです(사장님, 차가 온 것 같습니다)」나,「雨が降ってきましたね(비가 내렸군요)」「ええ、そのようですね(예, 그런 것 같군요)」등의 '초점을 흐리게 하는 표현'에서 보듯이,「ようだ」는 오히려 추정이라고 하기보다, 의도적인 애매한 표현이라고 하는 것이 적절할 지도 모른다. 쿠션을 깔아 놓은 단정인 셈이다.

- 「梅雨が明けたら、暑くなってきたようだ」
  장마가 끝나니, 더워지는 것 같다.
- 「試験に合格すれば、入れてくれるようです」
  시험에 합격하면, 받아줄 것 같습니다.
- 「体がかっかする。風邪を引いたようだ」
  몸이 화끈거린다. 감기 걸린 것 같다.
- 「少し酔ようだ。足元がふらふらする」
  좀 취한 것 같다. 발걸음이 후들거린다.

외재하는 상황이나 내부에 나타나는 사태를 근거로, 내부(うち) 감각이나 판단에 의해 현재 실태의 대략적인 상황을 예상한다. 이야말로 '외부(そと)'와 '내부(うち)'의 접점 위에 이루어지는 판단이라고 말할 수 있다. 그런 점은 「らしい」에 매우 가깝다. 사실 이러한 예는, 어느 것이든 「ようだ」를 「らしい」로 바꾸어 사용할 수 있다.

「らしい」의 용법

- 「屋上に上がったら、海が見えるらしい」
  옥상에 올라가니, 바다가 보이는 것 같다.
- 「速達で出せば、あす届くらしい」
  속달로 보내면, 내일 도착할 것 같다.
- 「この程度の病気なら、寝ていれば治るらしいよ」
  그 정도의 병이라면, 자고 나면 나을 것 같아요.
- 「医学の本によれば、数日で痛みが取れるらしい」
  의학 책에 따르면, 수일 내로 아픔이 가실 것 같다.

에서도 알 수 있듯이 밖에서 들어온 정보, 그것도 대부분은 타자(他者)로부터 전해들은 것을 근거로 하고 있다. 모두 '다른 사람의 말에 의하면'을 서두에 깔아 놓는 것에서도 상상할 수 있다. 따라서 앞의 「梅雨が明けたら、暑くなってきたようだ」도 「らしい」로 바꾸어 놓으면, 다른 곳의 상황을 다른 사람으로부터 전해 들었다는 설정으로 변해 버린다. 「ようだ」는 '외부(そと)'의 일이라도 '내부(うち)'감각으로 파악한다. 「らしい」는 '외부(そと)'에서 들어온 정보를 '내부(うち)'판단으로 받아들인다. 따라서 전문의 「そうだ」와 매우 가깝다.

- 「速達で出せば、あす届くらしい」
  속달로 부치면 내일 도착 할 <u>것 같다</u>.

그러나 위의 문장을 「そうだ」로 바꾸어서 「速達で出せば、あす届くそうだ(속달로 부치면, 내일 도착한다고 한다)」로 하면, 우체국원의 말을 전달하는 소위 '외부(そと)'의 사태를 '외부(そと)'의 일로서 전달할 뿐이며, '내부(うち)'인 자신과는 관여하지 않는다. 추량이라는 표현은 어느 것이든 무엇인가의 형태로 자신의 판단('내부(うち)' 영역에 관계를 갖게 하는 행위)이 필요하며, 그러한 관계의 정도나 본연의 자세에 의해 같은 추량 표현이라도 미묘한 차이가 생기는 것이다.

「だろう」「そうだ」의 용법

일본어에는 추량과 관련 있는 표현형식이 상당히 많다. 방금 서술한 「ようだ」「らしい」이외에도, 「行こう」「食べよう」라고 할 때의 「う」나 「よう」「雨でも降りそうだ」의 「そうだ」「降るかもしれない」의 「かもしれない」, 그밖에 「…にちがいない」「はずだ」「べきだ」「何々するまい」의 「まい」등, 실로 다채로운 표현분야이다. 이것은 고대일본어로도 말할 수 있는 것으로, 오늘날의 「らしい」의 어원은 「らし」「う」에 해당하는 「む」, 그밖에 「らむ, けむ, むず, まし, めり」, 그 외에는 현대어의 「べきだ」의 어원인 「べ

し」, 「まい」의 어원인 「まじ」, 그리고 「じ」 등, 지금보다도 더 풍부하였다. 이야기를 현대어의 추량 표현에 대한 화제로 돌아가 보자.

- 「空が暗くなってきた。あるいは雨が降ってくるかもしれない」
  하늘이 어두워져 왔다. 어쩌면 비가 올<u>지도 모른다</u>.
- 「あの分じゃ、彼はずるをきめ込むかもしれない」
  저런 정도라면, 농땡이 칠<u>지도 모른다</u>.
- 「自由席じゃ、座れないかもしれないよ」
  자유석이라면, 못 앉을<u>지도 몰라요</u>.

「かもしれない」는 위에서 알 수 있듯이, 일정 조건이나 그 나름대로의 근거를 기준으로 그런 경우 있을지도 모르는 가능성으로 의견을 서술하고 있다. '외부(そと)'의 문제에 반반의 확률로서 개인적인 주관을 개입시켜, 예상이 빗나가는 경우를 함축한다.

- 「もう七時だ。父もそろそろ帰ってくるだろう」
  벌써 7시다. 아버지도 슬슬 돌아오시<u>겠지</u>.
- 「三日も休めば治るだろう」
  3일 정도 쉬면 나아지<u>겠지</u>.

「だろう」는 위와 같이, 자기 스스로 적당하게 근거를 설정하여 그에 대한 멋대로의 예상을 한다. 실로 제멋대로의 추량 행위라 해도 좋을 것이다. '외부(そと)'문제가 완전히 '내부(うち)측' 주관으로 덮어 감추어졌다고 비유해도 좋을 것이다. '외부(そと)'와 '내부(う

195

ち)'가 서로 겹쳐져서 구별이 어려운 상황이 되면, 소위 추정의 「そうだ」의 등장으로 된다.

- 「このぶんでは、梅雨が明けたら暑くなりそうだ」

이 정도면, 장마 후 더워질 <u>것 같다</u>.
- 「大分しゃんとしてきたから、じき起きられ<u>そうだ</u>」
몸이 많이 거뜬해졌으니까 곧 일어날 <u>것 같다</u>.
- 「もうそろそろ献立にカレーが出<u>そうだ</u>」
이제 곧 메뉴로 카레가 나올 <u>것 같다</u>.
- 「盗品はこの辺りに隠してあり<u>そうだ</u>」
절도품은 이 부근에 감춘 <u>것 같다</u>.

「だろう」와 달리, 어디까지나 그 자리에서의 현상인식인 것이다. 감으로 상황을 말하고 있는 것이기 때문에 객관적인 '외부(そと)' 문제도 '내부(うち)'의 의견에 감추어지고, 주관적인 개인 예상이 되어 버린다. 신빙성이 매우 낮은 인상을 준다.

'외부(そと)' '내부(うち)'의 관계가 종이 한 장의 차이로, 상황과 그것을 받아들이는 감각이 연동하는 말투도 있다.

- 「あっ、机の上のチョークが落ち<u>そうだ</u>」
앗, 책상 위 분필이 떨어질 <u>것 같다</u>.
- 「今ここに奴がいたら、殴ってしまい<u>そうだ</u>」
지금 여기에 그놈이 있다면, 패버릴 <u>것 같다</u>.
- 「おかしくて、ついつい笑ってしまい<u>そうです</u>」
우스워서 그만 웃음이 나와 버릴 <u>것 같아요</u>.
- 「ママ、おしっこが漏れ<u>そうなの</u>」
엄마, 오줌이 나올 <u>것 같아</u>.

소위 「将然(장래에 그렇게 되다)」이라 불리는 용법이다. 당사자

의 의지를 넘은 '외부(そと)의 상황'에 유발되어 조건 반사적으로 일어나는 현상을, 이쪽의 의향으로서 말을 한다. 무를 수 없는 절박한 의사표시이다.

「う」「よう」의 용법

마지막으로 완전히 화자의 의사표시인 「う」「よう」에 관해 다루기로 하자. 오늘날은 「明日は雨が降ろう(내일은 비가 오겠지)」 「テストに合格すれば、卒業させてくれよう(테스트에 합격하면, 졸업시켜주겠지)」와 같은 타자(他者)를 향한 추량이나 「坂道へさしかかろうとするところ(비탈길에 접어든 지점)」에서 나타나는 「将然」적인 말투는, 이미 소용없게 되어버렸다고 보아도 좋을 것이다. 그렇다면, 「う」「よう」는 오로지 「さあ、出かけよう(자, 외출하자)」 「もう帰ろう(이제 돌아가자)」의 의지, 그것도 일인칭(나)의 의지에만 쓰인다. '외부(そと)'의 상대에 화자가 자기 측의 마음을 나타내는, 전형적인 '내부(うち)'표현이다. 그것이 때로는 「そろそろ私も帰ろう(슬슬 나도 돌아가야지)」라고 하는 자기의 의사표현이 되기도 하고, 「あなたも一緒に帰ろう(당신도 함께 돌아갑시다)」라는 권유표현이 되기도 하는데, 전자는 '내부(うち)'의식의 의사표명, 후자의 권유는 '외부(そと)'에 말을 거는 '내부(うち)―외부(そと)' 간의 인간관계가, 뜻밖에 이 의지표현 「う」「よう」에 확실하게 둘로 나뉘어 나타난다.

이상 길게 설명하였으나 이들 추량표현은, 그러한 추정 본연의 자세, '내부(うち)'와 '외부(そと)'와의 관계에 따라 그에 상응하는 부

사가 동반되는 점 등, 실로 흥미 있다. 주요한 것을 들어 보자.

- いずれ…だろう　　　　　　　어차피…일 것이다
- たぶん…だろう　　　　　　　아마…일 것이다
- 恐らく…だろう　　　　　　　필시…일 것이다
- さぞ…だろう　　　　　　　　짐작컨대…일 것이다
- きっと…違いない　　　　　　분명…임에 틀림없다
- あるいは…かもしれない　　　또는…일지도 모른다
- もしかしたら…かもしれない　혹시나…일지도 모른다
- ひょっとすると …かもしれない　어쩌면…일지도 모른다
- いずれ…しょう　　　　　　　어쨌든…하자
- ともかく…てみよう　　　　　아무튼…해보자
- 試しに…てみよう　　　　　　시험삼아…해보자

이것은 '부사'의 장에서도 다루었지만, 표현에 대한 화자의 심리가, 추량 등 문말의 조동사에만이 아니라 모두(冒頭)의 이들 부사 중에도 잘 나타나 있다. 이들 부사가 의미하는 판단 내용에 따라 문말 표현의 형태도 정해지는 것으로, 언어라는 것은 복장과 마찬가지로 전체적 균형이 잡히는 점도 흥미롭다.

17 부정의 효과

부정표현의 의미

- 「大阪では昨日雨が降りましたか?」
  오사카에는 어제 비가 내렸습니까?

위의 질문에 대해서, 「降りませんでした(내리지 않았습니다)」라고 대답하는 대신에 아래와 같이 말할 수 있다.

- 「いいえ、降りません」
  아니요, 내리지 않습니다.

긍정으로 대답하는 경우에는 「はい、降りました」라고 문말 형태를 반드시 갖추며 결코 「はい、降ります」라고 하면 안 되지만, 부정으로 대답할 경우는 「ましたか」의 과거형에 맞추지 않고 「ません」이라고 해도 된다. 왜 그럴까?
그 이유는 「降る」는 동작성의 현상이기 때문에 이미 행해져 버렸다는 인식에서 「降った」라고 과거형으로 말해야 한다. 한편 부정으로 대답하는 경우에는, 부정한다는 것은 아직 「降る」라는 동작이 행해지고 있지 않다. 현재도 그 상태가 계속되고 있으므로 '현재·미래형'으로 나타내도 되는 것이다. 물론 어제의 시점에서도 비가 내리고 있지 않은 상태였기 때문에 「降りませんでした」 「降らなかった」라고 회상적인 과거로 나타낼 수도 있다.

일반적으로 '부정'은 '긍정'과 대조시켜 동렬로 취급하여 같게 생각하고 있으나, 동작성의 표현에서는 위에서 본 것과 같이 상당히 성격이 다르다. 즉 부정이라고 하는 것은 긍정의 대극에 있는 현상이나 상태를 의미하는 것이 아니라, 부정하고 남은 모든 사물·상태를 가리킨다는 것이다. 「喜ばない(즐거워하지 않다)」는 「悲しむ(슬퍼하다)」가 아니라 「喜ぶ」만을 인정하지 않는 것으로, 말하자면 그 외의 상태는 문제 밖인 것이다.

일본어에서는, 부정은 문법적으로 「ない」나 「ぬ」를 붙여서 「見かけによらない(겉보기와는 다르다)」 「聞く耳持たぬ (남의 의견을 수용하려고 하지 않는다)」와 같이 표현하지만, 한어(漢語)에서는 어휘적으로 「不, 非, 無」 등을 동반하여 「不履行, 非公開, 無差別」과 같이 부정적 의미의 말을 만든다. 의미적으로는 「履行しない, 公開しない, 差別せず」로 일반적인 부정과 아무런 변화가 없다. 그밖에 겉으로는 부정표현으로 보이지 않으나 「駄目だ(안 된다)」 「手遅れだ(늦었다)」 등도, 「良くない(좋지 않다)」 「間に合わない(시간에 맞추지 못한다)」라는 부정 개념을 갖고 있으므로, 이것도 넓은 의미에서는 부정이라고 생각해도 좋을 것이다.

완곡표현으로서의 '부정'

부정한다는 것은, 달리 표현하면 그것 이외의 상황을 널리 포함하고 있는 것이기 때문에, 결과적으로 긍정상태를 널리 포함하고 있는 것이기도 하다. 그 때문에 단적인 긍정형으로 서술하기보다 부정으로 나타내는 편이 함축성 있는 완곡표현이 되는 경우가 많다.

- 「お礼の申しようもありません」
  어떻게 감사의 말씀을 드려야할지 모르겠습니다.

부정표현으로 말하면 단지 「ありがとう」라고 탁 터놓고 말하는 것보다 훨씬 더 정중하고 품위가 나타나는 것도 그 때문일 것이다. 이러한 깊이는 돌려 말하는 부정표현의 효용이다. 그리고 이와 같은 표현효과를 기대하여, 오로지 부정형으로밖에 표현할 수 없는 완곡표현을 수없이 만들게 된다.

- 「先生がいらしゃらないと駄目なんです」
  선생님이 안 계시면 안 됩니다.
- 「あなたが居ない時じゃないと5), 棚が高くて仕舞えないわ」

---

5) 「あなたが居る時じゃないと」の意味で、「居ない時じゃないと」と否定形を用いる表現法が日本語にはあります。意味は肯定形とまったく同じで、ただ非常に心理的に屈折した言い方です。「あなたが居なければ」「あなたが居ないと」のような條件文型と同じで、形のうえでは「ない」の打消を伴っていても、文意は肯定なのです。ただし、後に「仕舞えないわ」のように否定的な言い方が続くのが本来です。「あなたが居ない時じゃないと、私一人じゃ勝手に決められないわ。」
(著者より)

'당신이 있을 때가 아니면'의 의미로 '없을 때가 아니면'이라고 부정형을 사용하는 표현법이 일본어에는 있습니다. 의미는 긍정형과 똑같으며, 단지 심리적으로 상당히 굴절된 표현입니다. '당신이 없다면' '당신이 없으면'과 같은 조건문형과 마찬가지로 형태면에서는 「ない」

당신이 있을 때가 아니면, 선반이 높아서 올릴 수 없어요.

부정하는 것에 의해, 마음에 굴절이 생기고 문장의 의미를 순수하게 이해하기 어려운 결점은 씻어버릴 수 없다. 진의는 「先生が居てくれなければ…(선생님께서 있어 주시지 않으면…)」「あなたの居る時でないと…(당신이 있을 때가 아니면…)」의 의식이지만, 「居ないと困る(없으면 곤란하다)」의 기분이 강하면 자연히 부정형을 전면에 내세우는 것일 것이다. 그러고 보면, 「転ばぬ先の杖(넘어지기 전에 지팡이: 유비무환)」「雨の降らない前に帰りましょう(비가 내리기 전에 돌아갑시다)」도, 내용적으로는 긍정이어야 할 곳을 심리적으로는 부정형을 취하고 있다. 부정형을 취함으로 인해, "객관적인 '외부(そと)'의 대상을 인정할 수는 없다"라는 자기 자신의 내부 심리가 전면에 나타난다.

- 「するも、しないも、ないじゃないか」
  하고 말 것도 없잖아.

「結局は、しなければならない(결국은, 하지 않으면 안 된다)」라는 그 어쩔 수 없는 심리를, 부정을 겹치게 함으로써 훌륭하게 말로 표현하고 있는 것이다.

라는 부정을 수반하더라도 문의(文意)는 긍정입니다. 다만 뒤에 '올릴 수 없어요'와 같이 부정적인 표현이 이어지는 것이 원칙입니다.
'당신이 있을 때가 아니면, 나 혼자서 마음대로 결정할 수 없어요.'(저자)

이중부정의 심리

부정은 마음의 응어리를 반영하는 언어 형식이다. 일본어에 이중부정이 많은 것도 일본인의 마음의 굴절과, 긍정으로 말하는 단적인 표현을 싫어하는, 「ないこともない」라고 애매하게 초점을 흐리게 하여 돌려 말하는 완곡표현을 즐겨 쓰는 결과라고 할 수 있다.

- **理解できなくもない。**
  이해 못하는 것도 아니다.
- **無理すればできないこともないが。**
  무리하면 못할 것도 없지만
- **その事を考えないでもない。**
  그 일을 생각 못하는 것도 아니다.
- **時間が無いわけでもない。**
  시간이 없는 것도 아니다.
- **あながち知らないというわけでもない。**
  반드시 모른다는 것도 아니다.
- **負けないとは限らない。**
  지지 않는다고도 할 수 없다.
- **気が付いていないとは思われない。**
  알아차리지 못했다고는 생각할 수 없다.
- **絶対落ちないとは言いきれない。**
  절대로 떨어지지 않는다고는 단언할 수 없다.
- **そうら、言わないことじゃないか。**
  그것 봐, 그렇게 말했잖아.

　어금니에 무엇이 낀 것 같은 말투, 단호한 확신을 갖고 딱 잘라 말할 때는 망설임을 느끼는, 선뜻 단념하지 못함을 마이너스 효과라고 한다면, 가능성을 남기는 여운을 느끼는 표현은 결과적으로는 일본인 취향에 맞는 완곡성을 만들어, 플러스 효과로 전환시키고 있다고 말할 수 있다. '외부(そと)'의 사실을 '내부(うち)'인 오브라이트로

감싸서 서술내용에서 오는 강한 자극을 완화시킨다고 말해도 좋을 것이다.

일본어의 부정은 단지 긍정을 부정으로 말하는 그런 건조한 표현법이 아니다. 이중부정=긍정이 아니듯이, 부정하는 데에는 그 나름대로 심적인 복선이 숨어져 있다. 「このジュース冷えていないね(이 쥬스, 차갑지 않네)」하고 말하는 이면에는, 「たぶん冷えているであろう(필시 차갑겠지)」라는 기대감과, 이에 대한 기대에 어긋난 현상이 교차해, 현실(외부(そと))과 기대(내부(うち))와의 갈등의 결과로서, '외부(そと)'가 '내부(うち)'를 능가하는 실망감이나 무념(無念) 등이 농후하게 나타나 있다.

- 申し訳が立たない。　　　변명이 안 된다.
- 何とも言えない。　　　뭐라고 말할 수 없다.
- じっとしてはいられない。　가만히는 있을 수 없다.
- 居ても立っても居られない。안절부절못하다.
- ぐうの音も出ない。　　　끽소리 못하다.
- 折り合いが付かない。　　타협이 되지 않는다.
- そうは問屋が卸さない。　그렇게 마음대로는 되지 않는다.

어느 것이건 '외부세력'에 맞설 수 없는 '내면'의 무력함, 무저항으로 따를 수밖에 없는 자신의 상태를 「ない」의 부정형이 나타내고 있다. 물론 「またとない機会(두 번 다시 없는 기회)」라든가 「願ってもない話(원하지도 않은 이야기)」와 같이 플러스 평가의 상태도 있기는 하지만, 이것도 '외부(そと)'(자연의 흐름)가 우리 쪽 의지를 넘은 결정적 존재임에는 변함이 없다.

'외부(そと)'를 부정하는 것이 소극적인 자기주장에 연결되는 것은 「このジュース冷えていない(이 주스 차지 않다)」가, 「冷えていればよいのに(차면 좋을 텐데)」 「冷えたジュースが飲みたい(시원한 주스가 마시고 싶다)」의 개인의지를 암시하고 있는 것에서도 알 수 있다. 이것은 앞의 '15장' 완곡표현과 일본어에서 설명하였는데, 이 같은 자기의 의지를 결과로서 나타내는 표현법은, 부정문이 가끔 부정 이외의 표현의도, 화자의 의사표시의 문으로 전환하는 것을 의미한다. 「この子、お宅のお子さんじゃない?(이 아이, 댁의 자제분이 아니에요?)」가 「お宅のお子さんでしょう(댁의 자제분이죠)」의 확인이나 다짐이 되고, 「一緒に出かけない?(같이 나가지 않을래?)」가 권유를 의미한다. 혹은 「一等賞はお宅のお子さんじゃない!(일등상은 댁의 자제분이네요!)」의 감동·영탄, 「それ僕にくれない?(그거 나에게 주지 않을래?)」의 원망(願望) 등 보기에 따라서는 긍정의 의미로 바뀐다. '외부(そと)'의 대상이나 문제를 부정함으로써 '내부(うち)'인 오브라이트가 '외부(そと)'를 감싸 버리는, 결과로서는 강한 자기의 의사표시가 된다.

비존재를 나타내는 「ない」의 용법

동사나 형용사에 붙어서 「行かない(가지 않는다)」 「寒くない(춥지 않다)」와 같이 동작이나 상태를 부정하는 용법, 「私の財布ではない(내 지갑이 아니다)」라고 단정을 부정하는 부정표현 이외에, 독립해서 「何々がある(무엇무엇이 있다)」라든가 「ない(없다)」라고 물건의 존재나 비존재를 표현하는 말투에도 눈을 돌려 볼 필요가 있다. 여기에는「余の辞書に不可能という文字はない(내 사전에 불가능이란 없다)」「私の家には車はない(우리 집에 차는 없다)」와 같이 사물의 유무, 존재·비존재(혹은 소유·비소유)를 문제로 하는 용법 이외에도,「心臓は右側にはない。左側だ(심장은 오른쪽에는 없다. 왼쪽이다)」의 위치를 한정한 존재의 부정이 있다.「当たり障りのない返事(지장이 없는 대답)」「またとない機会(두 번 다시 없는 기회)」에서 볼 수 있는 '사건의 발생'을 부정하는「ない」가 그 예이다. 더욱이「正しい位置にない(올바른 위치에 없다)」라는 상황부정에 이르기까지, 독립하여 쓰이는「ない」에도 비존재에서 부정의 의미까지 여러 가지가 있다. (더욱이,「またとない」와 같은 '사건의 발생'을 나타내는 용법은 완곡표현의 하나이며,「ある」로 표현할 수 없다.「一雨ある(한바탕 비가 내리다)」등은 반대로「ない」로 말할 수 없다.)

부족을 나타내는「ない」의 용법

그런데,「英語力がない(영어실력이 없다)」라든가,「色男、金と力は無かりけり(미남자, 돈과 세력이 없었도다)」등을 말할 때, 이「ない」는 완전히 '無'를 의미하지는 않는다. 부족하다는 의미이다. 이쪽의 기대치에 달하지 않았다는 점에서 앞의 예들은「このジュース冷えていない」등의 예와 의도는 마찬가지이다.

일본어의「ある」「ない」는 사물의 유무·존재여부만을 표시하는 것이 아니다. 있는가 없는가의 어느 쪽인가의 경우도 물론 있다. '나

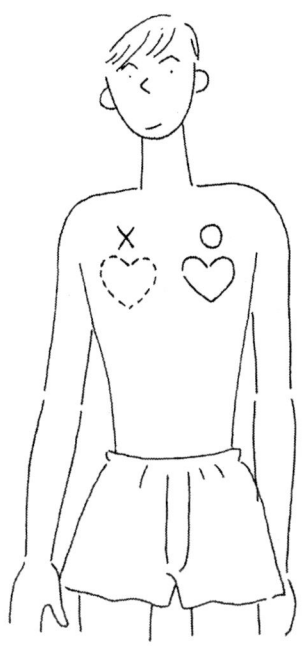

는 가족이 있다' '어떤 생물에게도 생명은 있다'의 예에서, '있는가', 그렇지 않으면 '없는가', 유무의 양자택일은 '있다'를 부정하면 '없다', '없다'를 부정하면 '있다'로, 양자는 모순개념의 관계가 된다.

- 日本には地下資源が無い。
  일본에는 지하자원이 없다.
- もう時間が無い。急がなくっちゃ。
  더 이상 시간이 없다. 서두르지 않으면 안 된다.
- お前は実力が無いから、得点が低いんだ。
  너는 실력이 없으니까, 득점이 낮은 거야.

- 知恵の無い話だ。

  지혜가 없는 이야기다.

그런데 위의 글에서는 결코 '皆無'인 것은 아니다. 목적의 수행에는 부족하다. 없는 것이 아니라, 필요량에 부족하다는 이야기다. 따라서 여기에서 「ない」는 「ある」에 연결되어 있다. '시간이 없다'라고 해도, 제로상태인 것은 아니다. '아직 조금은 있기' 때문에, 같은 「無い」라고 해도, 이 '없음'에는 정도의 차이가 있다고 보아도 좋을 것이다. 그 증거로, 이들의 「ない」나 「ある」에는, 정도의 부사를 첨가해서 말할 수 있다.

- 米櫃の中には米がほとんどない。

  쌀뒤주에는 쌀이 거의 없다.
- もう時間があまりない。

이제 시간이 얼마 남지 않았다.
- ダムには水がいくらもない。
  댐에는 물이 그리 남아있지 않다.
- 余命いくばくもない。
  여생이 얼마 남지 않았다.
- 財布の中にはまだ小銭が少しある。
  지갑 속에 아직 잔돈이 조금 있다.
- 時間はかなりあるから、ゆっくりしていったら。
  시간이 꽤 있으니까, 좀 천천히…

그리고 그 정도에 따라 부사가 접속한다.

「全く」「ほとんど」「あまり」＋ ない
 (전혀) (거의) (그다지) 없다
「少し」「ちょっと」「かなり」「相当」＋ ある
 (조금) (좀)   (꽤) (상당히) 있다

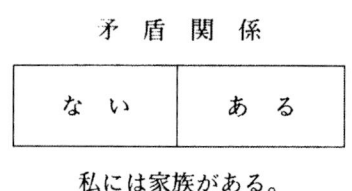

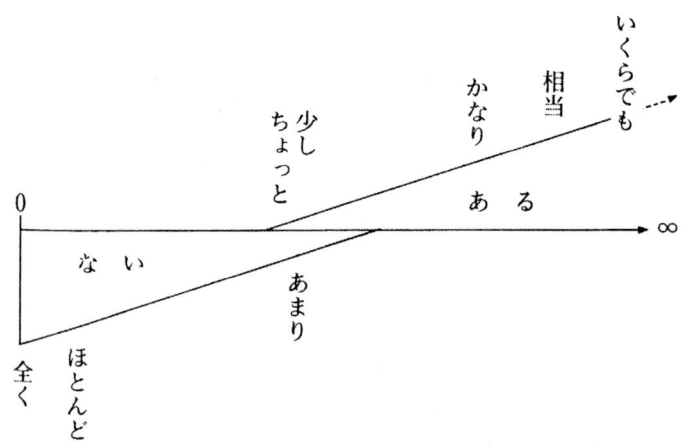

「あまり無い(그다지 없다)」는 「少しある(조금 있다)」라는 것으로, 「ない」는 「ある」와 중복된다고 말하지 않으면 안 된다.

이처럼, 같은 분량이라도 보기에 따라 「ない」라고 말할 수 있으며 「ある」라고도 말할 수 있는 것은, '외부(そと)'인 대상에 대한 '오노레(자기 자신: 내부(うち))'의 시점에 좌우된다고 볼 수 있다. 이 같은 표현이 가능한 사물은, '시간' '체중' '어학력'과 같은 분량·정도라든가, '쌀' '갖고 있는 장기의 말' '방의 수효'와 같은 불특정다수의 수량이 되는 것에 한한다. 따라서 「頭に髮の毛があまり無い(머리에 머리카락이 얼마 없다)」라든가 「しらがが、かなりある(흰머리가 상당히 있다)」라고는 말해도, 특정수로 정해진 「耳があまり無い(귀가 얼마 없다)」, 「指がかなり有る(손가락이 상당히 있다)」 등과 같이는 말할 수 없다. 「ムカデには脚がかなり有るよ。だから百足と書くんだ(지네는 발이 상당히 많아. 그래서 百足라고 쓴단다)」라고 「かなり」가 사용되는 것은, 인간과 비교해서 많은 것이며, 몇 개 있는지 잘 모르기 때문이다.

기대나 예상에 반대되는 결과를 나타내는 「ない」의 용법

성적표를 보고 「優があまり無いね(優가 별로 없네)」라든가 「可がかなり有るな(可가 상당히 있구나)」라고 비평한다. 「ある」「ない」가 수량이 많고 적음을 지적하고 정도성을 의미하는 좋은 예이지만, 「ない」의 경우 「可があまり無いね(可가 별로 없네요)」라고는 말하기 어렵다. 이것은 앞에서도 다루었듯이, 「無い」는 많이 있는 것을 기대하고 있음에도 불구하고 기대에 어긋나는 숫자였을 때의 표현이므로, 나쁜 '可'를 많이 기대하는 것은 본래 부자연스럽기 때문이다.

단, 「可があまり無くて良かった(可가 얼마 없어서 다행이다)」라고는 말할 수 있다. 이것은 "많이 있는 것을 기대했다"라고 하기보다는 "많을 것으로 예상하고 있었다, 그런 생각에 비해서는"이라는 마음으로, 역시 「無い」표현의 "기대나 예상과 상반된 결과"라는 점에서는 같다. 플러스 평가의 사항에 대해서는 기대, 마이너스 평가의 일이라면 예상 대로다. 또

- 「このジュース冷えていないね」
  이 쥬스 차갑지 않네.
- 「覆水盆に返らず」
  엎질러진 물이다.
- 「出来はそんなに悪くない」
  성과는 그렇게 나쁘지 않다.
- 「なあーんだ、優勝したんじゃないのか」
  뭐야, 우승한 거 아니야.
- 「もう金が一銭もない」
  더 이상 돈이 한 푼도 없다.

또 위와 같이 「ない」의 예를 보면, 어느 것이든 현실이 이쪽의 마음을 배반하는 '외부(そと)' 대 '내부(うち)'의 차이를 발상의 기본으로 하고 있다. 지금까지 서술해 왔던 「ない」의 뒷면에 숨어 있는 갖가지 감정—차별의식이나 진의를 흐리게 하는 완곡함, 이중부정에 나타나는 내부 심리의 굴절, 본심의 위장, 그리고 기대에 어긋난 실망감이나 예상과 다른 안도감 등— 이들 모두가 '외부(そと)'와는 대비되는 '내부(うち)'의 사소한 저항심의 표현이라고 해도 좋을 것이다.

18 역접의 논리

역접에 나타나는 표현자의 마음

- 雨が降りだした。しかし、試合は続行された。
  비가 내리기 시작했다. 그러나 시합은 속행되었다.

「降りだせば当然中断するだろう(내리기 시작하면, 당연히 중단하겠지)」라는 예측과는 반대로 '속행한다'와 같이, 선행내용과 부합될 수 없는 사태가 뒤에 이어지는 문을 역접문이라고 하는데, 일본어에서는 이러한 문이나 구를 연결하는 표현법이 여러 가지 있어서 다양하게 변화한다.

- 雨が降りだしたけれども、試合は続行された。
  비가 내리기 시작하였지만, 시합은 속행되었다.

두 개의 문으로 나누지 않고 그대로 연결하는 방법이다. 전자는 「しかし」등의 접속사에 의한 문장의 전개이다. 후자는 같은 내용인데, 문을 끊지 않고 접속조사로 연결하는 방법이다. 더구나 이 양자

를 늘어놓아서, 의미를 중복해서 태연하게 쓸 수도 있으므로, 여기에 일본어의 묘미가 있다.

- 雨が降りだした<u>けれども</u>、<u>しかし</u>、試合は続行された。
  비가 내리기 시작했<u>지만, 그러나</u> 시합은 속행되었다.

「降りだしたけれども」에는「降りだしたが」「降りだしたのに」「降りだしたにもかかわらず」등, 유사표현을 생각할 수 있으나, 접속사「しかし」에도 거의 비슷한 의미의 표현이 여러 가지 있어 일본어 문장을 다채롭게 하기 때문에 사태는 상당히 복잡하다.

예를 들면, 잠시 생각해 보아도「が、だが、けれども、しかるに、しかしながら、なのに、でも、そのくせ」등 계속해서 예를 들 수 있으며, 더구나 이들 중에는「だが、ですが、でありますが、でございますが」와 같이 문체에 따라 형태를 바꿀 수 있는 말들도 있기 때문에 전체로 보면 상당한 분량의 어휘가 된다. 접속에 관한 어휘가 문장의 스타일과 연동하고 있다는 것은, 마치 문말 표현과 같이 화자의 표현에 대한 시점이 농후하게 나타나 있는 부분이다. 따라서 문이나 구의 접속부분을 관찰하면 표현자의 마음을 알 수 있으며, 나아가 일본어의 성격도 알 수 있게 되는 것이다.

일본어의 역접을 지탱하는 논리

역접이라고 한마디로 말하기는 하지만 의미의 전후관계는 여러 가지이며 같은 접속사「しかし」가 사용되어도 의미가 같다고는 단언

할 수 없다. 역접에는 역접 특유의 의미가 문맥에 따라 각각 나타나는 것이다. 또 동시에 일본어의 역접 특유의 발상이라는 것도 있는 것이 아닐까. 예를 들어 보자.

「私も日夜に丹誠を抽んでて筆を執りました甲斐が見えまして、もはやあらましはでき上がったのも同然でございまする」
「それは目出度い。余も満足ぢゃ」
しかしかう仰有る大殿様のお聲には、何故か妙に力の無い、張り合いのぬけた所がございました。 (芥川龍之介「地獄変」十四)

"저 역시 주야로 정성을 들여 붓을 든 보람도 있어서, 이미 줄거리는 완성된 것과 다름없습니다."
"그것은 축하할 일이다. 나도 만족한다."
그러나 이렇게 말씀하시는 대감님의 목소리에는, 왠지 묘하게 힘이 없는, 맥이 빠진 곳이 있었습니다. (아쿠타가와 류노스케「지옥변」14)

「余も満足ぢゃ(나도 만족한다)」에서 예상되는 것은 기쁨에 넘친 '대감님의 목소리'일 것이지, 결코 '힘이 없는 목소리'는 아닐 것이다. 예상과 현실과의 차이, 그것은 '내부(うち)'와 '외부(そと)'와의 차이라고 말해도 좋을지 모르지만, 그 차이에서 오는 예상이나 기대의 후퇴, 그런 심리적인 마음의 굴절을 역접 부분에서 간파할 수 있는 것이다.

일본어의 역접은, 사고의 논리적인 대비·부정은 본래 없었다. 일반적으로 역접이라고 하면 논리적인 반대관계를 상상한다. 예를 들어 보자.

- 「AはBである。しかし、(Aは)Cではない」
  A는 B이다. 그러나 (A는) C가 아니다.
- 「AはBである。しかし、CはBではない」
  A는 B이다. 그러나 C는 B가 아니다.

「息子は野球部の選手である。しかし、(彼は)レギュラーではない」(아들은 야구부 선수다. 그러나 (그는)정식멤버는 아니다) 「上の子は男である。しかし、下の子は男ではない。(女だ。)」(위의 아이는 남자다. 그러나 아래아이는 남자가 아니다.(여자다))의 예에서 보듯이, AB관계를 논리의 출발점으로서, 이 같은 대비에서 A·C나 C·B의 관계를 부정한다. 일본어의 「しかし」에는 그런 건조한 논리의 기술에 발상의 기반이 있는 것은 아니다. 예를 들면, 다음의 두 문을 비교해 보면 알 수 있다.

(a) 値段は高い。しかし、物は良くない。
가격은 비싸다. 그러나 물건은 좋지 않다.

(b) 値段は高い。しかし、物は良い。
　　가격은 비싸다. 그러나 물건은 좋다.

　상품의 가격이 의외로 비싸다. 당연히 이쪽에서 받아들이는 것은, "비싸면 비싼대로 물건이 좋을 것이다"라고 생각한다. 그런데 기대와 달리 "그 물건의 질은 좋지 않았다"와 같은 대상의 실태와, 화자측의 받아들임의 차이가 (a)「しかし」의 역접으로 되어 나타난다. 따라서 「高い」와 「良くない」와의 관계는 모순적인, '기대를 벗어난' '예상과 다른' 역접의 의미에 딱 알맞다.

　그러면 (b)는 어떤가. 상품의 가격이 의외로 비싸다. 당연히 이쪽에서 받아들이는 방법은 "비싼 것을 일부러 살 필요는 없을 것이다"이다. 그러나 "비싸면 비싼 만큼 물건이 좋으니까 살 만한 가치는 충분히 있다"라는 결론에 달한다. 이 「買うまでもない(살 필요도 없

다)」와「買う価値あり(살 가치가 있다)」의 차이가 (b)의「しかし」를 불러들이는 것이다. 이것은 가격이 비싸다는 대상의 실태가 직접적으로 역접의 판단을 부르는 것이 아니라, 그 실태에 대한「わざわざ買うまでもない(일부러 살 필요까지는 없다)」라고 하는 화자 측의 받아들이는 방법이 뒤의「物が良いのだから、買うだけの価値はある(물건이 좋으니까, 살 만한 가치가 있다)」라는 차이를 만들고, 그 결과 역접을 불러들이고 있다고 하겠다. (b)는 실태에 대한 이쪽에서 두 표현을 받아들이는 방법 간의 차이라고 말해야 하며, 그만큼 심리적인 굴절이 보인다.

이것을 평가라고 하는 관점에서 다시 보면 다음과 같다. (a)는「高ければ高いなりに物が良いのであろう」라는 플러스 평가의 기대에 반하여, "그 물건의 질은 좋지 않았다"라고 하는 마이너스 평가가 내려지는 것에 의한 차이다. 한편, (b)는「高いのだからわざわざ買うまでもない」라고 하는 마이너스 평가에 대해「物が良いのだから、買うだけの価値はある」라는 플러스 평가를 내리는 것으로, 이러한 차이가 역접의 관계를 만들었다고 말할 수 있다. (a)와 (b)는, 평가의 관계가 정반대이다.

이같이 보면, 아무래도 일본어의 역접은 양자관계를 대비하여 후반을 부정한다고 하는 논리일변도의 사고전개는 아닌 것 같다. 어디까지나 당사자 측에서 받아들이는 이해·평가에 기반을 두는 예상이나 기대의 차이인 것이다.

「しかし」의 용법

トロッコは三人の力が揃ふと、突然ごろりと車輪をまはした。良平はこの音にひやりとした。しかし二度目の車輪の音は、もう彼を驚かさなかった。

彼等は一度に手をはなすと、トロッコの上に飛び乗った。…良平は顔に吹きつける日の暮の風を感じながら殆ど有頂天になってしまった。しかしトロッコは二三分の後、もうもとの終点に止まってゐた。　　　　　　　　（芥川龍之介「トロッコ」）

토로코는 세 사람의 힘이 모아지자, 갑자기 차바퀴를 빙글빙글 돌렸다. 료헤이는 이 소리에 섬뜩했다. 그러나 두 번째의 바퀴소리는 더 이상 그를 놀라게 하지 않았다.

그들은 일제히 손을 떼자, 토로코 위에 뛰어 올라탔다. …료헤이는 얼굴에 세차게 부는 석양 바람을 느끼면서 기뻐서 어쩔 줄 몰랐다. 그러나 토로코는 2, 3분 후, 이제 원래의 종점에 멈춰 있었다.
　　　　　　　　　　　　（아쿠타가와 류노스케「토로코」）

「良平はこの音にひやりとした」라고 하는 마이너스 평가의 상황에서, 「しかし二度目の車輪の音は、もう彼を驚かさなかった」라는 플러스 상태로 달라진다. 나중의 예도 「殆ど有頂天になってしまう」라는 플러스 상황이 「しかし二三分の後、もとの終点に止まってしまう」라는 마이너스 상태로 변한다. 이 심리적인 평가의 역전이야말로, 「しかし」의 본질이라고 말할 수 있다.

「しかし」로 대표되는 역접의 조건법은 앞에 나온 「A는 B이다. 그러나 C는 B가 아니다」와 같은 서로 관계없는 '외부(そと)'의 대상 상대, A·B관계(前件)와 C·B관계(後件)를 대비하여 부정하는 논리에 발상의 근거가 있는 것은 아니다.

　小僧は其処へ行って見た。所が、その番地には人の住ひがなくて、小さい稲荷の祠があった。小僧は吃驚した。──と、かう云ふ風に書かうと思った。<u>然し</u>さう書く事は小僧に対し少し惨酷な気がして来た。　　　（志賀直哉「小僧の神様」）

　소년은 거기에 가 보았다. 그런데, 그 번지에는 사람이 살지 않았고, 작은 이나리신사가 있었다. 소년은 깜짝 놀랐다. ──라고, 이런 식으로 쓰려고 하였다. <u>그러나</u> 그렇게 쓰는 것은 소년에게는 조금 잔혹한 기분이 들었다.　　　（시가 나오야 「꼬마의 신령님」）

　「かう云ふ風に書かうと思った」와 「惨酷な気がして来た」가 대비되는 것은 아니다. 「書かうと思った」라는 상황에서 다음의 의지가 전개된다. 즉 「さう書く事は惨酷だ」라는 판단의 추가이다. 양자의 의미관계는 「そうなると、その場合は…(그렇게 되면, 그 경우는…)」에 가깝다.
　일본어의 「しかし」는 전건의 장면이나 상황에서 후건이 성립하는 것을 지시하고 있음에 불과하다. 논리상 역접관계가 되는지 어떤지는 모른다.

- 「円が異常に高くなってきたそうだ。<u>しかし</u>、君はそれをどう思う?」

엔이 매우 높아진 것 같다. 그런데 자네는 그것을 어떻게 생각하나?

위와 같은 예에서는 단지 의견을 추가할 뿐으로 역접적인 의미는 없다고 해도 좋다. 앞의 시가 나오야의 예에서라면, 오히려 「さう書く事は然し、小僧に対して惨酷だ」와 「然し」의 위치를 문중에 비켜놓는 쪽이 훨씬 역접적인 내용이 된다.

이와 같이 「しかし」가 전건의 내용을 전제로 한 의견이나 상황의 추가일 뿐이라는 것은, 아마 「しかし」의 어원에 유래하는 것일 것이다. 「しかし」는 원래는 「しかしながら」에서 유래한 접속사로, 「しかしながら」는 「しかありながら」, 즉 「そうでありながら」「そのような状況において」의 의미였다. 따라서 역접뿐만 아니라 단순히 후건이 어떠한 상황에서 일어나는가, 그것을 전건에서 나타내는 말이다.

이와 같이, 「しかし」의 문맥적 의미가 단지 전건의 상황에서 나타나는 '결과'나 '화자의 판단'일 뿐이라는 점에서, 타인의 의견에 대해 「しかしねえ…」라든가, 「しかしなあ…」라는 접속사만으로 말을 흐리는 어법이 생기고, 또 「しかしだよ」와 같은 반론의 자세를 나타내는 용법도 나타난다. 접속사에 이 같은 종조사나 단정의 조동사가 붙어서 독립된 문이 된다. 분명히 앞의 문맥을 참고로 해서, 그것에 찬동하기 어려운 화자의 새로운 의지의 제시를 계획하는 문맥 전환의 발상이다.

私は一時、彼れの相手はキャザリンではないかと疑ったこともある。けれども、しかし今迄、一度もそれを確かめ得たことは

なかった。(谷崎潤一郎「友田と松永の話」3)

나는 한때, 그의 상대는 캐서린이 아닐까 하고 의심한 적이 있다. 그럴지만, 그러나 지금까지, 한 번도 그것을 확인할 수 있었던 적은 없었다. (다니자키 준이치로「도모다와 마쓰나가의 이야기」3)

「しかし」와「けれども」가 함께 있는 재미있는 예이지만, '의심한 적도 있다'라면 당연히 그 '캐서린'이 '과연 그의 상대였다'라든가, '그러나 그렇지 않았다'라든가의 결과와 같이 이야기가 전개되는 것이 논리의 흐름이다.

그런데 원문은 그 나타난 의심에서 당연한 과정으로서, 상대를 확인하려는 것이라는 심리설정임에도 불구하고, 그 심리의 흐름에 역행해서 '한 번도 그것을 확인해 본 적은 없었다'라고 화자의 실상을 제시한다. 논리상의 결론이 아니라, 심리적인 흐름에 따른 결과 제시에 불과하다. 전건의 내용을 그것은 그렇다고 인정하면서, 과정의 자연스러운 흐름과는 다른 결과나 상황이 나중에 나타나는 것이다. 이것은 꽤 인간미가 있는 "의미의 접속법"이라고 말할 수 있다.

彼は蔓のきり端を両手で握ると、力の限りそれを引っぱって見た。併し、勿論それは到底無駄であった。
(佐藤春夫「田園の憂鬱」)

그는 덩굴 끄트머리를 양손으로 잡자, 힘껏 그것을 잡아당겨 보았다. 그러나 물론 그것은 도저히 안됐다.
(사토 하루오「전원의 우울」)

「蔓の端を両手で力の限り引っぱった。しかし…(덩굴 끝을 양손으로 힘껏 그것을 잡아당겼다. 그러나…)」라고 하면, 거기에서 우선 예측되는 후건은 「しかし、蔓はびくともしなかった(그러나 줄기는 꿈쩍도 하지 않았다)」라든가, 「蔓はそれ以上動かなかった(줄기는 그 이상 움직이지 않았다)」라든가 이다. 이것은 '외부(そと)'의 문제로서 대상을 바라보는 태도이다.

한편, 「しかし、それは無駄であった(그러나 그것은 안됐다)」라든가, 「しかし、何としっかりした蔓であることよ(그러나 이 얼마나 튼튼한 줄기인가)」와 같은 후건이면, 그것은 이쪽 '내부(うち)'의 문제로서 상황을 취하고 있는 것이 된다.

앞의 「彼れの相手はキャザリンではないかと疑ったこともある(그의 상대는 캐서린이 아닐까 하고 의심한 적도 있다)」의 예로 보든, 「両手で力の限りそれを引っぱって見た(양손으로 힘껏 그것을 잡아당겨 보았다)」로 보든, 단순히 상황설정 때문에 일부러 행하는 의지적인 조건법이다. '외부(そと)' 대 '외부(そと)'의 관계에서 역접조건이 성립하고 있는 것은 아니다. 이러한 예는 '내부(うち)' 대 '내부(うち)'의 관계로서 전건에서 이쪽의 결과를 단지 서술하는, 극히 인간미 넘치는 서술법이라고 해도 좋을 것이다.

19
접속「～て」의 논리

속담에 나타나는「～て」의 용법

「雨降って地固まる(비 온 뒤 땅 굳어진다)」라는 속담이 있다. 비가 오면 지면이 굳어진다. 즉 "변화가 있어 오히려 전보다 좋게 기초가 단단해진다"의 예이다(『広辞苑(고지엔)』제4판). 비가 오는 것과 지면이 단단해지는 것은 인과관계에 있기 때문에, 비가 지면이 단단해지는 원인이 된다. 그것을「雨降って(비가 와서)」라고「て」를 써서 나타내는 것이다.

생각해 보면 이것은 속담이니까 누구나 이 해석을 의심하지 않으나,「～して…」라고 하는 표현은 다름 아닌 사건의 원인을 나타내는 것에만 한하지 않는다.「石橋を叩いて渡る(돌다리를 두드리고 건넌다)」는「叩いてみて、それから渡る(두드려 보고, 그리고 나서 건넌다)」라고 하는 신중함을 나타내고 있으며, 이것은 동작의 순서일 뿐이다.

그러나「泥棒を捕らえて縄をなう(도둑 잡아야 할 마당에 새끼 꼰다)」는 어떤가. 도둑을 붙잡는 단계가 되어서 당황해서 새끼를 꼬는 것이기 때문에「捕らえて、それから(잡고서 그리고)」라는 것은 아니다.「泥棒を見て縄をなう(도둑을 보고 새끼를 꼰다)」로도 말하듯이 잡으려고 하는 직전, 장래의 그런 상태를「て」의 접속으로 나타내고 있다. 즉, "일이 생기고 나서 서둘러 준비하는 것"의 비유인 것이다. (『広辞苑』제4판)

「て」로 문을 연결하는 속담이나 격언과 같은 부류는 많다.「泣いて馬謖を斬る(울며 마속을 베다)」는 "규율을 유지하기 위해서 사랑하는 자를 어쩔 수 없이 처분하다"라는 뜻으로,「泣きながら斬る(울면서 벤다)」이기 때문에, 이것은 동시진행의「て」이다. 그리고 보면, 교통안전의 캐치프레이즈「手を挙げて横断歩道を渡ろうよ(손을 들고 횡단보도를 건넙시다)」도「손 들은 채로」이므로 동시진행이다. 순서로서는「우선 손을 들고 그리고」이므로 동시라고는 말하기 어려우나, 손을 든 상태로 건너는 것이라면 역시 동시성으로,「石橋を叩いて渡る(돌다리를 두드리고 건너다)」와는 상황이 다르다.

다양한「～て」의 접속

그런데 이처럼 같은「て」에 의한 접속에서도 전후의 의미관계에 따라 해석은 여러 가지로 달라진다. 앞의 '비 온 뒤 땅 굳어진다'도, '비가 왔다. 그래서 지면이 굳어졌다'라고 비가 온 것을 원인으로 해석할 필요는 전혀 없다. '비가 왔다. 그리고 지면이 굳었다'의 순서성으로도 전혀 상관없는 것이다. 마사오카 시키(正岡子規)의 구에서 이러한「～して…する」식의 작품이 상당히 있으나, 이상과 같은 시각으로 보면 상당히 재미있다.

(a) 風吹いて 山本遠き鳴子かな

　　바람 불고 산기슭 멀리 나루코[6]가 울리네.

(b) 山に倚つて 家まばらなりむら紅葉

　　산에 다가가니 집은 한적하고 단풍 들기 시작하네.

(c) 鳥啼いて 赤き木の實をこぼしけり

　　새 우니 빨간 나무 열매 떨어지는구나.

(d) 鳥鳴いて 笠にこぼるゝ何の實ぞ

　　새 우니 삿갓에 떨어지는 것 무슨 열매인고.

(e) 庫裏あけて 煙のこもる若葉かな

　　절 정지문 여니 연기 자욱한 곳에 새싹 돋아나네.

(f) 汽車過ぎて 煙うづまく若葉かな

　　기차 지나니 연기 소용돌이치고 새싹 돋아나네.

(g) 桔梗活けて しばらく仮の書斎かな

　　도라지 화병에 꽂고 잠시 서재로 삼노라.

(h) 下駄はいて 行くや焼野の薄月夜

　　나막신 신고 가자꾸나. 어스름 달빛의 타버린 들녘을.

(i) 馬引きて わたる女や春の水

　　말 끌고 봄 냇가 건너는 여인이여.

(j) 向きあふて 鳴くや鶉の籠二つ

　　마주보고 우는구나, 새장 속에 따로 갇힌 메추리.

그런데 처음의 (a) '바람 불고'나 (b) '산에 다가가니'의 구는 전후의 의미관계에 어느 것 하나 필연성이 보이지 않는다. 요컨대 전건의 상황에서 후건의 사항이 나타났다고 하는 두 개의 장면이 겹치는 사

---

[6] 새를 쫓기 위해 논이나 밭에 설치한 장치.

진이다. 바람이 부는 것과 산기슭이 멀리 보이는 것과는 아무런 인과관계도 없다.

다음의 새를 읊은 구(c) (d)는 어떤가. 이것은 다소의 인과관계가 있는 것 같다. 새가 울어서 나무 열매가 떨어졌다고 해석하면 원인의 「て」이다. 물론 먼저 새가 울고 그리고 나서 열매가 떨어진 것이므로 순서성이라고도 말할 수 있다. 정확하게 해석을 하면 앞의 구는 '떨어져서'를 의지적 행위로 취하고, '새가 일부러 울어서 (이쪽에서 소중히 하고 있는) 나무 열매를 떨어뜨려 주었다'라고 떨어뜨리는 것을 목적으로 한 수단의 「て」라고 취할 수도 있다. 이것은 좀 인간미 있는 해석이다.

다음으로 (e) '절의 정지문 여니'와 (f) '기차 지나니'의 두 구는 원인·결과의 관계로 보아도 좋을 것이다. 절 부엌을 열었기 때문에 연기가 가득 찬 것이다.

그 다음의 (g) '도라지 화병에 꽂고'의 경우는 어떠한가. 도라지를 꽂아도 '임시 서재'의 원인은 될 수 없다. 단지 '서재'의 장면 설명으로 나온 것에 지나지 않으며, '도라지를 꽂고, 그곳에…'라고 하는 정도의 의미밖에 갖지 않는다.

이에 이르면, 같은 의지적인 행위의 전건에서도 다음의 (h) '나막신 신고'는, 타버린 들녘을 거닐 때의 상태설명으로 '말을 타고 간다/걸어서 간다/나막신을 신고 간다/…'에서 보듯이 가기 위한 수단을 표현하고 있다고 해석할 수 있다.

그러나 다음의 (i) '말 끌고'는 말을 끄는 것이 다리를 건너는 수단이라고는 말할 수 없기 때문에, 이것은 단순한 동시 진행이다. '손을 들고, 횡단보도를 건너자'와 똑같다. 「手を挙げて」를 「手を挙げな

가ら」로 말할 수 없는 것은「馬を牽きながら(말을 끌면서)」에서「牽く(끌다)」라는 것은 계속 동작이지만,「手を挙げる(손을 들다)」라는 것은 순간 동작이기 때문이다. 그러니만큼 '돌다리를 두드리고'와 같이 동작의 순차성이 되기 쉽다. ('두드리고'가 '두드리면서'로도 말할 수 있는 것은 반복동작이 되기 때문이다.)

마지막으로 (j) '마주보며 울다'의 구는, '서로 마주 본 상태가 되어서' 즉 상태성의 동시진행으로 해석할 수 있다.

「~て」의 용법 — 순차성·누가(累加)·병렬·동시진행

이상, 시키(子規)의 하이쿠 10句의 예를 통해「て」의 사용법을 살펴보았다. 여기에서는 다음과 같은 사실을 알 수 있다.

먼저「~して…する」형식의 표현은 '바람 불고'의 구에서와 같이, 단지 후건의 장면 설정으로 끌어낸 화제에 지나지 않는다. '그와 같은 상황·상태에서…'인 것이다.「て」로 이어지는 전후관계에서 특별히 의미상의 필연성은 없다. 그런데 전후 내용에 의해서 앞의 사항이 뒷이야기에 어떤 관계를 갖고, 그와 같은 연결로 문맥이 전개되어 가는 것이 된다.

◦ 縁へ出てたまたま蝶を見る日かな
툇마루에 나오니 마침 나비를 보는구나.

이것도 시키의 구이다. '툇마루로 나왔다. 그러자 바로 그때…'로 후술의 사태에 나타나는 장면 설정인데, '툇마루에 나왔다. 다음에

나비를 보았다'의 행위의 순차성으로도 취할 수 있다. 「彼は立ち上がって、帰りの支度を始めた(그는 일어서서, 돌아갈 준비를 시작했다)」 등 전형적인 순차성의 행동이다.

이것은 「りんごがあって、みかんがあって、バナナもある(사과가 있고, 밀감이 있고, 바나나도 있다)」나 「彼女は背が高くて、目が丸くて、髪が長い(그녀는 키가 크고, 눈이 둥글고, 머리가 길다)」 등 단순한 사물·사태의 병렬·누가(累加)의 연장선상에 있다. 같은 물건의 움직임이라면 '순차성', 상태라면 '누가(累加)', 다른 것을 모으는 것이라면 '병렬'이라는 차이일 뿐이다.

시키의 하이쿠에서는 없었지만, 대구(対句)와 같이 다른 것들이 대조적인 상황에 이르는 경우가 있다. 「夏は暑くて、冬は寒い(여름은 덥고, 겨울은 춥다)」나 「兄は大学へ行って、弟は高校へ行った(형은 대학에 가고, 동생은 고등학교에 갔다)」 등이 그러한데, 이것은 '대비'의 사용법이다. 대비도 병렬의 한 종류이다. 만요슈(万葉集)의 유명한 가키노모토노 히토마루(柿本人麻呂)의 노래를 보자.

- 東の野に炎の立つ見えてかへり見すれば月傾きぬ
  동쪽 들녘에 불길 솟는 듯하여 되돌아보니 달 기울었구나.

「陽炎の立つのが見えて、一方、月は…(아지랑이는 아물거리고, 한편 달은…)」라는 대비로 파악할 수도 있다. 그러나 「まず陽炎が見えて、それから、顧みすれば…(먼저 아지랑이가 보이고, 그리고 나서 돌아보니…)」로 행위의 순차성이다. 행위의 순차성은, 그

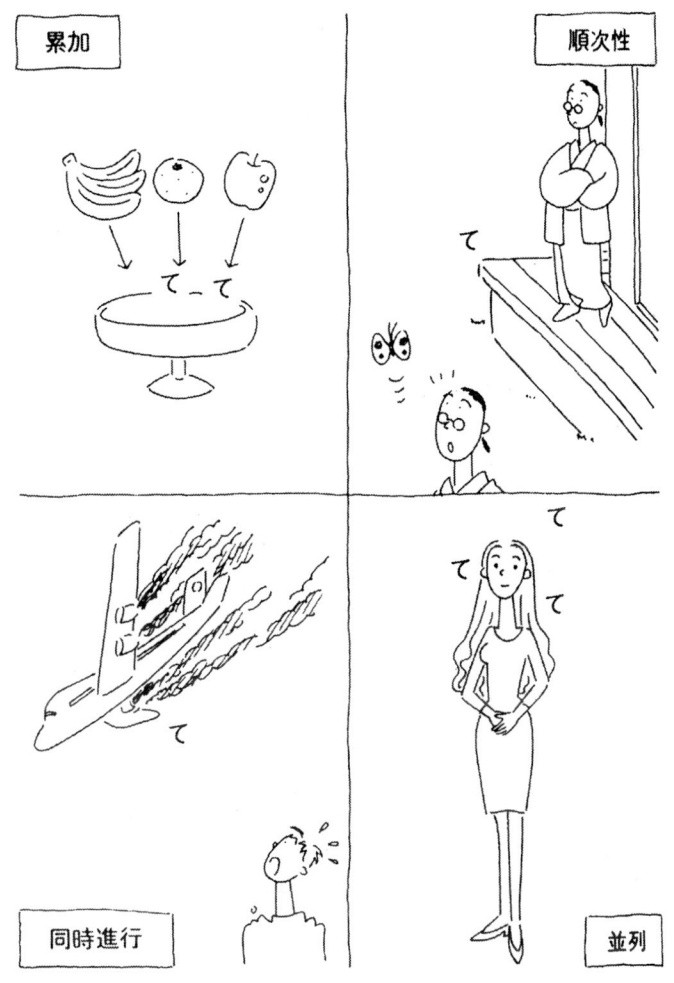

러한 두 행위 간에 인과관계가 있으면 '원인'의 「て」가 된다. '새 우니'의 구가 바로 그러하다. 대부분은 '기차 지나니 연기가 소용돌이 치다'와 같이, 비의지의 자연현상으로 볼 수 있는 '외부(そと)' 대 '외부(そと)'의 대조관계이다. 「うるさくて眠れない(시끄러워서

잘 수 없다)」「熱が下がって安心した(열이 내려서 안심이다)」의 예에서도 알 수 있듯이, '외부(そと)'의 원인에 대한 비의지적 결과가 계속된다. 후건을 의지적인 내용으로 해서「水が汚くて、泳いではいけない(물이 더러워서, 헤엄쳐서는 안 된다)」라든가,「荷物が重くて、持ちません(짐이 무거워서, 들지 않는다)」등이 되면, 이상한 일본어가 된다. 아무래도 '외부(そと)' 대 '내부(うち)'의 관계로 연결하는 것은 무리인 것 같다.

두 개의 행위나 현상이 계속 일어나면 '순차성', 동시에 계속하면「馬引きてわたる(말 끌고 건넌다)」의 구와 같이 '동시진행'이 된다.「飛行機が煙を吐いて、落ちて行く(비행기가 연기를 품으며, 떨어진다)」「馬の背に揺られて行く(말의 등에서 몸을 흔들거리며 간다)」의「~ながら…」의 관계이다. 그러나 이것이「電車で座って行く(전차에서 앉아서 간다)」가 되면, '앉다'가 상태성인 만큼, '앉으면서'라고는 말하기 어렵다. 결과인 '수단·방법'의 의미가 된다.「急行に乗って帰ります(급행열차를 타고 돌아갑니다)」「歩いて行ける所(걸어서 갈 수 있는 곳)」는 둘 다 동작이 상태성이 되고, 이동수단의 의미로 변한다.「下駄はいて行く(나막신을 신고 간다)」는, '신은 상태로 간다' '나막신을 신음으로 해서 간다'라는 수단이다.

「~て」의 용법 －가정의 순접/역접·확정의 순접

지금까지의 이야기에는 나오지 않았지만,「て」에서는 다른 의미도 볼 수 있다. 전후 두 가지 사항이 역접의 의미관계에 있는 경우로, 이것은「無くて七癖(없어도 일곱 가지 버릇)」라든가,「彼はそのこ

とを知っていて言わない(그는 그것을 알고 있으면서 말하지 않는다)」와 같이 「無くても(없어도)」「知っているのに(알고 있으면서)」에 해당한다. 전건이 가정적인 사항이라면 '가정역접'이라고 말할 만하며, 「死んで花実がなるものか(죽어서도 꽃피고 열매가 맺을까)」라든가, 「謝って済む問題じゃない(사과해서 끝날 문제가 아니다)」 등, 「死んでも/死んだとしても(죽어도/죽었다고 해도)」「たとえ謝ったところで(설령 용서를 빌었다고 해도)」의 의미로, 바로 가정적인 역접이다. 그리고 보면 순접에도 가정적인 「て」의 용법이 있다.

- 聞いて極楽、見て地獄。→聞いたら極楽、実際に見たら地獄。
  들어서 극락, 보아서 지옥. → 들으면 극락, 실제로 보면 지옥.
- 歩いて十五分ぐらいかかる。→歩いたら十五分。
  걸어서 15분 정도 걸린다. → 걸으면 15분.）
- 一に一を足して二。→足したら二だ。
  하나에 하나를 더해서 둘. → 더하면 둘이다.

위의 「歩くと/歩けば/歩いた場合は(걸으면/걸으면/걸은 경우는)」에 해당하는, 바로 가정법이다. 확정조건에도 「梅雨が明けて夏(장마가 개어서 여름)」와 같이, 「明けた結果(개인 결과)」「明けたので(개었기 때문에)」의 의미로「て」가 나타난다.

이와 같이 살펴보면, 「て」에 의한 접속은, 대부분의 접속법을 커버하고 있는 것으로, 결정적인 고유의 의미·용법을 갖고 있지 않는 듯하다. 매우 막연한 넓은 의미이며, 굳이 말로 표현하면, '후속의 서술내용을 나타내는 장면을 전건에서 제시한 움직임'이라고 말할 수 있다. 유명한 「荒城の月(황성의 달)」(土井晩翠(도이 반스이)의 일절이다.

…鳴きゆく雁の数見せて、植うるつるぎに照りそいし、むかしの光いまいずこ
울며 날아가는 기러기의 수를 비추어 보이게 하고, 칼날에 비취는데 옛날의 빛은 지금 어디에

여기의「て」는 도대체 무엇일까.「(光が)雁の数を見せて、(それから、さらに)つるぎに照りそいし、(その)むかしの光は、いまいずこ」'(빛이) 기러기의 수를 비추어 보이게 하고, (그리고 나서, 더욱) 칼날에 비취는데, (그) 옛날의 빛은 지금 어디에' 라고 해석하면, 빛의 작용의 순차성, 내지는 누가(累加)로 취할 수도 있다. 그러나 결국 그러한 억지이론으로 해석하는 것은 이 명시를 참되게 이해하는 데에는 연결되지 않을 것이다. 요컨대「秋空を群れなして飛び行く雁の姿の見える場面において(가을하늘을 무리를 지어 날아가는 기러기의 모습이 보이는 장면에서)」인 것이다. 그 유명한 『伊勢物語(이세모노가타리)』의「東下り(관동유람기)」의 이야기에서도 재미있는「て」의 예가 보인다.

猶行き行きて、武蔵の國と下つ総の國との中に、いと大きなる河あり。それをすみだ河といふ。
더 멀리 멀리 날아가면, 무사시노쿠니와 시모쓰후사노쿠니 사이에 매우 큰 강 있으니, 그것을 스미다강이라고 부른다.

이것도「さらにどんどん行って(좀 더 앞으로 나가서)」의 서술이, 이하의 장면(스미다 강을 눈앞에 보고 있는 장면)이 전개되는 경

위를 나타내고 있다. 이론적으로 이 문맥을 설명하려 해봐도 그것은 무리이므로, 독자는 여행하는 당사자의 시점에 서서, 「…さらにどんどん行く。すると眼前に大河がぱっと現れ、己れの視野に入る。その川はすみだ河という川なのだそうだ(…더욱 더 앞으로 간다. 그러면 눈앞에 큰 강이 펼쳐지고, 나의 시야에 들어온다. 그 강을 스미다가와라고 한다.)」라고 행위를 하는 사람의 눈으로 이해하지 않으면 의미가 없다. '외부(そと)'의 존재를 '내부(うち)'의 시각으로 받아들인다. 여기에서 위 문의 「て」의 역할이 보인다.

「て」에 의한 문의 전개는 이같이 주관적이며, 화자 의식의 흐름을 반영한 것이다. 그렇기 때문에 전후의 문맥에 따른 접속에 여러 가지 의미가 나타나는 것이다. 이 또한 일본어의 오묘하고 흥미로운 점인 것이다.

20
순접의 논리

「から」와 「ので」의 비교

「蛙が鳴くから、帰ろ(개구리가 우니까, 집으로 돌아가자)」라는 동요가사가 있다. 저녁 무렵 주위가 어두워지면, 지금까지 조용했던 논의 개구리가 일제히 소리를 모아 개굴개굴하고 대합창을 시작한다. 지금까지는 노는데 열중했던 아이들도 그 소리에 정신이 들어 이제 개구리도 울기 시작하는 시간이니까 슬슬 집으로 돌아가자, 어머니도 걱정하고 계실 거야, 라고 말하며 삼삼오오 돌아간다. 입가에 미소가 떠오르는 이러한 풍경으로, 함께 간 아이들의 입에서 합창하는 모습이 눈에 떠오른다.

그런데 이 동요는 「蛙(개구리)」의 「か」와, 「鳴くから(우니까)」의 「か」, 그리고 「帰ろ(돌아가자)」의 「か」가 음률을 맞추어 두운(頭韻: 글귀의 첫머리 음과 같은 음을 되풀이해 넣어서 글을 지음)이 되었다. 그런 만큼, 목소리를 모아 큰 소리로 합창하면 「か」의 부분이 되풀이되면서 서로 겹쳐지기 때문에 말로 형용할 수 없을 만큼 아름다운 음률의 노래가 된다. 게다가 「蛙」가 「帰る」와 같은 음이기 때문에 실로 재치 있는 어조의 절을 고안해 내고 있다. 따라서 어린이들에게 이어져서 널리 오랫동안 전승되어 온 것일 것이다.(지역에 따라서는「蛙」대신에「烏」를 넣는 곳도 있는 것 같다. 그러나「烏」(까마귀)로는「鳴くから」와의 대비가 재미있기는 하지만,「かえる」에 의해 말이 겹치는 묘미가 없어져 흥미도 반감된다.)

그런데 만일 이「鳴くから」부분이「鳴くので」로 되면 어떨까. 지금 말했던 것처럼 음조상의 기교가 현저히 떨어지는 것은 어쩔 수 없다 하더라도, 결점이 그것만은 아닌 것 같다.「から」가 갖는 의미와「ので」의 의미는 왠지 인상에 커다란 차가 있는 것 같다.

「から」는 원래「大きな事から小さな事まで、逐一文句を言う(커다란 사항에서 작은 사항까지 하나하나 차례로 이의를 말한다)」와 같이「AカラBマデ(A에서 B까지)」의 대응으로 일의 기점, 출발의 지점·시점을 표시한다. 그것이「駅から歩く(역에서부터 걷는다)」,「十時から始まる(열시부터 시작한다)」의 격조사 용법인데, 이 기점의식이「蟻の穴から堤防が崩れる(개미구멍에서 제방 둑이 무너진다)」나「瓢箪から駒(표주박에서 망아지가 나온다)」에서 볼 수 있는 '사건의 발생·출자(出自)'의 용법을 낳고, 나아가서「ひょんな事から喧嘩が起こった(엉뚱한 일로 싸움이 되다)」와 같이, '싸움의 원인'으로서 '엉뚱한 일'을 가리키는 기분에서 '싸움의 원인' 의식으로 전환해 간다. '엉뚱한 일로'에 가까워지는 것이다.「から」가 기점의식에서 사건의 원인의식으로 넓어지는 것을 보이는 좋은 예인데, 그 접속하고 있는 앞의 말이 동사나 형용사인「出かけるから(외출하니까), 腹が減ったから(배가 고프니까), 寒いから(추우니까), 元気だから(건강하니까)」, 또는「子供だから(아이니까)」로

되면 원인의식이 된다. 동사에 접속하는 경우를 보자.

- 兄が大学へ行ってから、弟の態度が変わった。
  형이 대학에 가고 나서, 동생의 태도가 변했다.

「〜てから」는 「〜して、それから以後(…하고, 그리고 나서 이후)」의 뜻으로 확실히 기점을 나타낸다. 이것이 「〜たから」가 되면, 우선 「兄が大学へ行ったから、さあ今のうちに大いに騒いでおこう(형이 대학에 갔으니, 자 이때를 놓치지 말고 한바탕 법석을 떨어보자)」와, 「兄が出かけて留守になったのをしおに(형이 외출해서 집에 없는 것을 기회로)」「出かけたのをきっかけに(외출한 것을 계기로)」라는, 전건이 어떤 것을 일으키는 계기가 된다.

혹은 전건의 성립에 의해 후건에서 일어날 가능성이 생기는 기회가 된 경우를 생각할 수 있다. 전건의 성립이 계기가 되어 '어떤 가능성을 생각해 내는 상황'이 마련되는 것이다. 이것은 더욱 발전하면, 전건의 성립이 자동적·필연적으로 어떤 상황을 산출하는 구도로 변해간다.

- 兄が大学へ行ったから、弟も進学する気になった。
  형이 대학에 가니까, 남동생도 진학할 마음이 생겼다.

이것은 「〜になったが故に…(〜이 된 까닭에…)」라는 원인의식과 상통하는 것이다. 「〜へ行った。そこで…(〜에 갔다. 그래서…)」라는 유발형식에서 「〜へ行った。だから…(〜에 갔다. 그

렇기 때문에…)」라는 원인·결과관계로 의식이 움직여 온 것이다.

- 兄が大学へ行った<u>から</u>、家計がますます苦しくなってきた。
  형이 대학에 갔<u>기 때문에</u> 가계가 점점 어려워졌다.

전건이 사태의 원인이 됐다고 받아들여, 그 결과로서 후건이 나타났다고 해석하는 것이다. 원인의「から」문형은 전·후건 간의 인과관계가 있다고 하는 화자의 판단에 의한다. 따라서 가계가 어렵게 된 원인은 어쩌면 형의 진학과는 관계가 없을지도 모른다. 어디까지나 화자의 책임 하에서의 원인설정인 것이다.

한편 인과관계가 있다는 판단 중에는 앞의 예에서와 같이 화자가 마음대로 해석해서 생기는 억지원인 이외에, 화자의 추측 이전에 나중에 계속되는 사건이 거의 자동적으로 정해지는 인과관계도 있다.

- 兄が今大学へ行った<u>から</u>、もうじきそちらに着くと思います。
  형은 대학에 갔<u>으니까</u> 잠시 후면 그쪽에 도착할 것으로 생각합니다.
- 兄が大学へ行った<u>から</u>には、親としても、それなりの準備をしておく必要があろう。
  형이 대학에 간 <u>이상</u> 부모로서도 그 나름대로의 준비를 해 둘 필요가 있을 것이다.

전건이 성립된 단계에서 후건은 필수 사태가 된다. 이것은 바꿔 말하면, 전건의 내용은 후건의 사항을 인정하는 근거가 되며, '원인의식'이 '근거의식'으로 발전해 온 것이라고 생각된다. 후건의 판단은 전건이 근거가 되어 행해지는 것이다.

- 兄が大学へ行った<u>から</u>、両親は鼻が高い。
  형이 대학에 갔<u>기</u> 때문에, 양친은 자부심이 강하다.

'그것이 원인이어서…'가 아니라, '그것이 근거가 되어서…'이다. 위쪽의 문에서 말한다면, 「兄の進学を根拠に、両親は鼻高々になっている(형의 진학을 근거로, 양친은 코가 높아졌다)」는 것이다. 그 발상은 뒤집어서 말하면 「両親が鼻が高いのは、兄が大学へ行ったからだ(양친이 콧대가 높아진 것은, 형이 대학에 갔기 때문이다)」라는 도치적인 원인설명의 문이 된다. 더구나 그 근거를 화자의 책임에서 이유를 붙이면 아래와 같게 된다.

- 兄は、大学へ行った<u>から</u>、いい就職先が見付けられたのだな。
  형은 대학에 갔<u>기</u> 때문에, 좋은 취직처를 찾을 수 있었던 것이야.
- 寒かった<u>から</u>、窓を閉めたんです。
  추<u>워서</u> 창문을 닫았던 거예요.

지금까지의 '전건→후건'의 방향성에서, 결과구에서 그 전달의도가 담겨져 있던 문에 대해, 그 이유 설명문은 '전건←후건'의 역(逆)의 식이며, 조건구에야말로 이 이유를 전하는 표현의도가 담겨져 있다. 「いい就職先が見つかったわけは?→大学へ行ったからだよ(좋은 취직처를 찾게 된 이유는?→대학에 갔기 때문이에요)」「なぜ窓を閉めたのですか?→寒かったからです(왜 창문을 닫았습니까?→추워서요)의 발상에 가깝다.

「から」에 나타나는 화자의 의식

기회와 인연, 원인, 근거, 이유와, 서술내용에 따라서 전·후의 의

미관계는 움직이지만, 전체적으로 「〜から」에 의해 연결되는 조건·결과관계를 화자는 어떤 의식에서 파악하고 있을까. 이 관점에서 재고해 보면 흥미로운 사실을 알 수 있다.

- 「雨が降ってきたから、洗濯物を取り込んで頂戴」(機縁)
 빗방울 떨어지니까 빨래 좀 걷어 줘. (계기)
- 「日が差してきたから、今のうちに買い物に行っておこう」(機縁)
 해가 나왔으니까 이때에 물건 사러 가자. (계기)
- 「相手が強いから、わがチームは苦戦を強いられる」(原因)
 상대방이 강하니까 우리 팀은 고전을 면치 못할 것이다. (원인)
- 「蛇がいるから、恐くて行けない」(原因)
 뱀이 있으니까 무서워서 갈 수가 없다. (원인)
- 「すぐ戻って来るからね。ここで待ってなさいよ」(根拠)
 곧 돌아올 테니까 여기서 기다려 주세요. (근거)
- 「きっと暇があるから、試写会なんかに行けるんでしょうよ」(根拠)
 분명 여유가 있으니까 시사회 같은 데에 가는 거예요. (근거)
- 「僕はね、いくら待っても来ないから、先に帰ったんです」(理由)
 나는요, 아무리 기다려도 오지 않아서 먼저 돌아간 겁니다. (이유)
- 「奴は自慢したいから、のこのこやって来たのさ」(理由)
 녀석은 자랑하고 싶어서 어슬렁어슬렁 나타난 거야. (이유)

어느 것이든 한결같이, 「いくら待っても来ない。だから、先

に帰ったんです(아무리 기다려도 오지 않는다. 그래서 먼저 돌아간 것이다)」와 같이, 조건구와 결과구 사이를 「～から」와 같은 의미의 접속사「だから」로 바꾸어 연결지을 수가 있다. 즉「～から」접속은 전후를 분리해서 별도의 문으로 해도 가능할 만큼, 두 개의 구는 인과관계의식이 희박하다는 것이다.

이것은 「～から」나 「だから」의 애초의 움직임이, "우선 전건 내용을 인정하고, 다음에 거기에서 후건의 사상을 끌어낸다"는 의식에 의지하고 있기 때문에, 전건과 후건과는 분리되어 별개로 파악하게 되는 것이다.

전건을 우선 인정하고, 그러고 나서 후건을 자기의 의견이나 생각·주장으로 제시한다고 하는 것은 '외부(そと)'인 사건을 먼저 인정하고 '내부(うち)'의 진의를 거기에 부가하는 식의 발상형식이다. '외부(そと)'인 '뱀의 존재'를 '뱀이 있으니까'로 일단 인정하고, 거기에 대해 '무서워서 갈 수 없다'라는 '내부(うち)'심리를 판단으로 첨가한다.

즉 화자의 이해에 의해 물들여진 '외부(そと)'(전건)와 '내부(うち)'(후건)와의 관계를 파악한 것이다.

- 「すぐ戻って来るからね。ここで待ってなさいよ」(根拠)
  곧 돌아올 테니까 여기서 기다리세요. (근거)

그 때문에 위와 같이 전건이 자기의 의지(내부(うち))로 결정되는 문의 예도 「から」접속에는 나타나기 쉽고, 극단적인 경우에는 「すぐ戻って来るだろうから(곧 돌아올 것이니까)」라든가, 「改札が

始まるらしいから(개찰이 시작될 것 같으니까)」「誰も気が付くまいから(아무도 눈치 채지 않았을 것이니까)」와 같은 자기 추량을 나타내는 문에까지 「から」의 움직임이 미치게 되는 것이다. (이들은 '외부(そと)'에 대한 '내부(うち)'의 추량판단이다. 본래 '내부(う

ち)'에 나타나는 의지의「う」「よう」에「から」는 붙지 않는다.)

- 「何しに奴はのこのこやって来たんだろう」
  뭐 하러 녀석은 어슬렁어슬렁 온 걸까.
- 「奴は自慢したい<u>から</u>、のこのこやって来たのさ」
  녀석은 자랑하고 싶으니<u>까</u>, 어슬렁어슬렁 온 거야.

이유 설명과 같은 '전건'에 표현의 의도가 포함된 문의 대답으로는 아래와 같이, 전건·후건의 위치를 바꿔서 일종의 도치문으로도 만들 수 있다.

- 「奴がのこのこやって来たのは、自慢したい<u>から</u>さ」
  녀석이 어슬렁어슬렁 온 것은 자랑하고 싶<u>어서</u>야.

도치문에서는, 주어 '녀석이 어슬렁어슬렁 온 것은'은 '외부(そと)'의 사상이며, 술어 '자랑하고 싶으니까'가 그에 대한 '내부(うち)' 판단이다. 그런데 앞의 대답문에서는, '어슬렁어슬렁 온 것이야'는 후건으로서, '내부(うち)'의 판단으로 변해 버린다. 이 때문에 '내부(うち)'←'내부(うち)'의 관계의식에 의해 인과관계를 나타내는 문이 되었다고 보아도 좋을 것이다.

어쨌든 「~から」에 의한 순접조건문은, 전건·후건이 분리되어 각각 화자와 대처하는 의식으로, 반드시 후건은 '내부(うち)'의 판단이 되는 점이 특징이다.

からす なぜなくの
からすは 山に
かわいい 七つの
子があるからよ　　　　　（野口雨情「七つの子」）

까마귀는 왜 우는 걸까
까마귀는 산에
일곱 마리의 귀여운
새끼까마귀가 있기 때문이야　　（노구치 우조「일곱 새끼까마귀」）

이것도,「からすは山に かわいい七つの子があるから、かわい かわいと なくんだよ(까마귀는 산에 귀여운 일곱 마리 새끼가 있으니까 귀여워 귀여워 하고 우는 거란다)」라고 말을 바꿀 수도 있다. 물론, 원작 시「かわいい七つの子があるからよ(귀여운 일곱 마리 새끼가 있으니까)」는 '내부(うち)'의견이며, 거기에 대한 전건 '외부(そと)'사건, 예를 들면 '까마귀가 우는 것은…'과 같은 설명적인 어구는 전혀 없다. '일곱 마리 새끼 까마귀'의 詩句는 모두 '내부(うち)'의 의식 언어로 점철되어 있으며, 질문이나 대답, 권유 등으로 일관된 '내부(うち)'의 연속이다. 거기에 동요시인의 참으로 어린이의 언어 그대로인 동심의 표현을 헤아릴 수 있는 것이다. 여기에는 실로「から」에 의한 이유 설명문이 딱 알맞다.

「ので」에 나타나는 화자의 의식

순접에는「〜から」의 접속이외에「〜ので」도 중요하다.「〜の

で」는「何々するの, 何々したの, 何々なの」의 구에, 단정의「だ」에 해당하는「で」가 붙어서, 이하의 후건에 관계를 갖게 된다. 우선 동사나 형용사 등에「の」가 붙어서 전체가 하나의 명사적 성격으로 변한다. 마치「帰るのは…」가「帰宅は…」나「帰国は…」에 상당하는 것과 같다. 그러한「〜の」에「で」가 붙어서,「〜で…だ」에 상당하는 문을 구성하는 것이다.

- 来月帰るので、忙しい。　　다음달 돌아가니까 바쁘다.

위의 문은 아래와 같은 내용으로 보아도 좋을 것이다.

- 来月帰国で、忙しい。　　다음달 귀국으로 바쁘다.

「〜で…だ」형식은「〜で」의 부분이「…だ」를 수식하는 관계이므로, 전체가 하나의 판단이나 주장으로 되어 있다. 문 의미는「来月帰ることにより忙しい(다음 달 돌아가는 일로 인해서 바쁘다)」이지만, 수식작용을 하는 근거 의식이 머지않아「来月帰る。それで忙しい(다음 달 돌아간다. 그래서 바쁘다)」의 원인 의식으로 전환된다.

원래「〜で…だ」로 통합하는 발상이므로, 전건·후건의 인과관계를 전체로서 받아들여 거기에 대한 화자의 판단이 문말에서 내려진다.

- この地域は電圧が低いのでうまく録音できないようだ。

이 지역은 전압이 낮아서 녹음이 잘 되지 않는 것 같다.

녹음결과가 좋지 않은 이유를 여러 가지 검토한 결과,「電圧の低さ(전압의 낮음)」즉「録音の質の悪さ(녹음의 질이 나쁨)」이라고 하는 인과관계를 알아채고, 아마 그것이 원인일 것이라고 추량한다.

- [この地域は、電圧が低いのでうまく録音できない] + ようだ
  [이 지역은 전압이 낮아서 녹음이 잘 되지 않는다.] + 것 같다

따라서 위의 발상형식인 것을 알 수 있다. 추량「ようだ」는 선행하는 서술전체를 받고 있는 것이다.

- この地域は電圧が低いからうまく録音できないようだ。
  이 지역은 전합이 낮기 때문에 녹음이 잘 되지 않는 것 같다.

라고「から」를 쓰면 문 해석이 조금 달라지는 것을 알 수 있다. 이 지역에서 녹음이 잘 되지 않는 사실을 외부에서 들은 정보로서 알게 되며,「この地域はうまく録音できないようだ」라는 伝聞 또는「らしい」에 가까운 추정의 기분으로 말하고 있다. 혹은 완곡하게 말하고 있는 지도 모른다. 그리고 그 이유로서,「電圧が低いから(전압이 낮으니까)」라고 결론짓는다.

- [この地域は、電圧が低い]から[うまく録音できないようだ。]
  [이 지역은, 전압이 낮다] 때문에 [녹음이 잘 되지 않는 것 같다.]

따라서 이것은 이중구조, 「から」로 묶은 전건과 「ようだ」로 추측하는 후건이 대등한 관계로 연결된다. 그러므로 예측의 추량표현 「だろう」로 후건을 정리해 내면 딱 어울린다.

- この地域は電圧が低い<u>から</u>、うまく録音できない<u>だろう</u>。
  이 지역은 전압이 낮<u>으니까</u>, 녹음이 잘 되지 <u>않겠지</u>.

「〜から」의 이중구조에 대해, 「〜ので」가 하나로 통합되는 발상으로서 전건·후건의 인과관계를 전체로서 받아들이고 그에 대한 화자의 판단을 문말에 표시하는 점에서, 표현자의 의식구조를 분석하면 다음과 같다.

즉 전건·후건의 관계는 '외부(そと)' 대 '외부(そと)'의 관계로서 하나로 통합되며, 거기에 화자의 판단('내부(うち)')이 첨가된다. 일반적으로 「〜ので」접속의 조건법은 객관적인 인과관계라고 하지만, 결코 그렇지는 않다. 단지 「〜から」접속과 달리, 후건 자체가 '내부(うち)'의 의식표현이 아니라 '외부(そと)—외부(そと)'의 인과관계를 '내부(うち)'의 눈으로 파악하는 점에 차이가 있다.

지금까지의 연구보고는 너무나도 '외부(そと)—외부(そと)'의 인과관계에 지나치게 눈을 돌렸다. 구조의 차이야말로, 어느 쪽의 조건형식도 주관성을 포함하고 있는 것이다. 단지, 「〜ので」형식에 첨가하는 주관적 표현('내부(うち)'의 의지표명)에는 한도가 있으며, 어느 정도까지를 허용하는가는 상당한 개인차를 보인다.

- 雨が降る<u>から</u>、傘を持って行きなさい。

비가 오니까, 우산을 갖고 가세요.

위를 바꿔서 말하면 다음과 같게 된다.

- 雨が降るので、傘を持って行きなさい。
  비가 오니까 우산을 갖고 가세요.

이것을 인정하는 사람이라도 아래의 문에는 거부감을 느낀다는 상황이다.

- 雨が降るので、傘を持って行こう。
  비가 오니까 우산을 갖고 가자.

규범의식이 강한 사람이라면「らしい」나「のだろう」는 허용해도, 명령이나 의지의 표현까지는 인정할 수 없는 것과 같이 일본어 자체로서도 흔들리고 있다. 이것은「～ので」의 인과관계에 첨부된 '내부(うち)'의식이 참작된 것이라 할 수 있을 것이다.

일본어는 순접이건 역접이건 혹은「て」에 의한 접속표현이건(이것을 '평접(平接)'이라고도 한다), 결국 주관적인 '내부(うち)'형식을 피할 수는 없는 것이다.

21 가정의 논리

「ば」「と」의 용법

「勝てば官軍、負ければ賊軍(이기면 충신, 지면 역적)」이라든가, 「無理が通れば、道理引っ込む(억지가 통하면, 이치가 통하지 않게 된다)」와 같은 종류의 가정법에 의한 속담이 일본어에는 많다. 이기는 것은 즉 충신이 되는 일로 직결되며, 억지가 통하면 즉 원칙이 무시되는 일도 있는 것이다. 따라서 이 같은 가정법은 화자 측의 의지에서 자유로 취사선택을 할 수 없다. 일방적인 억지가 되어 버린다.

「~ば」에 의한 가정법이 속담류에 많은 것도, 속담이라는 것이 개인의 의지를 넘은 민족의 긴 역사 속에서 배양된 계율이나 진리로 되어 있기 때문일 것이다. 「風が吹けば桶屋が儲かる(비가 오면 나무통장사가 돈을 번다)」등, 말 그대로 일본의 전통문화의 산물이라는 냄새가 난다. 동시에 이것은 삼단논법의 비유처럼, 「~ば」의 가정법은 움직이기 어려운 하나의 논리인 것이다.

- 初め良ければ終わり良し

  처음이 좋으면 끝도 좋다.
- 犬も歩けば、棒に当たる

  주제넘게 굴면 봉변을 당한다. /나돌아 다니노라면 뜻하지 않은 행운을 만난다.
- 急がば回れ

  급하면 돌아가라.
- 噂をすれば影

  호랑이도 제 말 하면 온다.
- 楽あれば苦あり

  좋은 일이 있으면 나쁜 일도 있다.
- 瑠璃も玻璃も照らせば光る

  유리도 수정도 비추면 빛난다.
- 打てば響く

  때리면 반응이 있다.

이러한 속담은 결국 하나의 인과관계로서, 전건의 상황을 가정하면 자동적으로 후건의 상태가 그에 수반된다. 따라서 그 이치를 충분히 마음에 두고, 하루하루를 살아가고자 하는 옛 사람의 지혜다.

그런데 이와 같은 「ば」에 의한 가정법은 인과관계를 형식화한 것으로, 「一に一を足せば二だ(하나에 하나를 더하면 둘이다)」라든가, 「田中さんが来れば、みんなで五人になる(다나카 씨가 오면, 모두 5명이 된다)」와 같이 수학계산, 혹은 「酸素と水素を化合させれば、水になる(산소와 수소를 화합하면, 물이 된다)」 등 화학변화 등에 자주 사용된다. 그리고 이와 같은 이치나 자동적인 현상을 나타

내는 형식인 까닭에 개인의 행위에 사용되는 경우에도 자유로운 의지를 넘은 습관이나 습성이 되어 버린다.

- 「彼は机に向え<u>ば</u>居眠りを始めるんだよ」
  그는 책상에만 앉<u>으면</u> 졸기 시작한다.
- 「隣の犬は主人を見れ<u>ば</u>走って行く」
  옆집 개는 주인을 보<u>면</u> 달려온다.
- 「絵さえ描いていれ<u>ば</u>にこにこしているんだ」
  그림만 그리고 있<u>으면</u> 즐거워한다.

이상의 조건법은, 가정과 그 결과의 관계가 모두 화자 개인의 의지와는 관계없이 전개되는 '외부(そと)' 대 '외부(そと)' 간의 인과관계인 것이다. 그러한 점에서 「～ば」에 가까운 조사 「～と」를 사용하면, 같은 인과관계라 할지라도 후건은 '내부(うち)' 문제가 되어 버린다.

- 「そんな事を言う<u>と</u>、後でひどい目に遭うぞ」
  그런 말하<u>면</u> 나중에 큰 코 다쳐요.
- 「若い時にやっておく<u>と</u>、年を取ってから役に立つものだ」
  젊었을 때 해 두<u>면</u>, 나이 들어서 도움이 된다.

「彼は机に向うと居眠りを始める」도,「～ば」와는 달리 습관화된 행위가 아니라 그때 그 현장에서의 상황으로 보아야 한다. 그 때문에 「彼は机に向うと居眠りを始めた」라고 완료형으로 사건의 개시를 나타낼 수도 있다. 확실하게 '외부(そと)'에 대한 '내부(うち)'의 인식이다. 그렇다면 「～ば」의 가정법은 모두 '외부(そと)' 대 '외부(そと)'의 인과관계인가 하면, 반드시 그렇다고는 할 수 없다.

- 「希望者が多ければ、バスは二台にしてください」
  희망자가 많으면 버스는 2대로 해주세요.
- 「ジュースが無ければ、水でもかまわないよ」
  주스가 없으면 물이라도 괜찮아요.
- 「もし暑ければ、クーラーをつけてください」
  만일 더우면 쿨러를 켜 주세요.
- 「承知してくれれば、すぐ行く」
  승낙해 주면 곧 가겠다.

위의 문들은 후건이 화자의 의지에 의한 희망이나 의견이다. 「希望者が多ければ、バスは二台必要になる」(희망자가 많으면, 버스는 두 대 필요하다)라고 하는 '외부(そと)' 대 '외부(そと)'의 인과관계를 거쳐서, 그 후건에서의 귀결로서 화자의 희망이나 의견과 같은 의지표현을 행한다.

따라서 후건의 '외부(そと)' 사항은, 여기에서는 화자의 '내부(うち)'에 의해서 재고된다. 바깥경치를 빌려서 자기 측으로 끌어들이는 것과 어느 정도 비슷하다. 이러한 '내부(うち)'에 의해 내용을 다시 고치는 것은 가정법을 기초로 한 기정(既定)상황에서 판단으로 발전한다.

- 「そんなに暑ければ、どうぞ上着をお取りください」
  그렇게 더우면 윗옷을 벗으세요.
- 「ここまで来れば、もう私一人で帰れます」
  여기까지 오면 이제 저 혼자서 돌아갈 수 있습니다.
- 「そんな事を言えば、彼にだってアリバイはあるんだぜ」
  그렇게 말한다면 그도 알리바이는 있어요.
- 「そんなに面白ければ、僕も読もう」
  그렇게 재미있으면 나도 읽어야지.

이것은 같은 가정법 「～なら」와는 확실히 보조를 맞추고 있다고 말할 수 있다.

일본어에서는 이러한 가정법 또는 그 연장선에 있는 기정의 조건법이 매우 다채롭다. 지금까지 다룬 것만도 「～ば, ～と, ～なら」의 3자가 병립하여 서로 표현을 다투고 있다. 게다가 다음 장에서 설명하는 「～た」의 가정법 「～たら」까지 있어, 일본어를 점점 화려하고 풍부하게 하고 있다. 보기에 따라서는 한층 복잡해진다고 말할 수 있다.

「たら」「なら」의 용법

「～たら」는 지금까지의 「～ば」나 「～と」와 달리, 확실한 '내부(うち)'의 발상이다. 이것은 다음 장에서 자세히 다루겠지만, 「～た」는 문맥에 첨가해서 그 서술내용의 시점과 장면에 시점을 둔 인식·판단이므로, 자연히 「～たら」의 가정법도 화제중의 장면·상황에서 화자의 의견이 된다.

- 「午後雨が降っ<u>たら</u>、洗濯物を取り込んで頂戴」
  오후에 비가 오<u>면</u> 세탁물 좀 걷어 줘.
- 「先生にお会いになっ<u>たら</u>、よろしくお伝えくださいね」
  선생님을 뵈<u>면</u> 안부 전해주세요.
- 「飛行機が止まっ<u>たら</u>、どうぞ安全ベルトはおはずしください」
  비행기가 멈추<u>면</u> 안전벨트를 풀어 주세요.
- 「明日デパートへ行っ<u>たら</u>、手袋を買おう」
  내일 백화점에 가<u>면</u> 장갑을 사야지.

전건의 장면에 들어와서, 화자는 '지금'의 의식에서 그때 해야 할 것을 상대방에게 지시하고 있다. 따라서 이들의 「～たら」는 「～た場合」「～たとき」로 거의 바꾸어 말할 수 있으며, 그 사항이 불확정이면 가정으로, 거의 확정된 미래의 일이라면 예정·예측이 되며, 이것은 서술내용에 의한 차이일 뿐이다.

「～たら」가 '내부(うち)'의 가정이나 예측을 전제로 한 의견(내부(うち)), 즉 '내부(うち)' 대 '내부(うち)'의 관계이기 때문에 그것은 상당히 자의적이다. 가정법이라고 해도 「～ば」등과 비교하면 훨씬 조건적인 색채가 희미하며, 오히려 '경우'나 '시간'의 의미에 한없이 가까이 접근한다.

- 人を見<u>たら</u>泥棒と思え。
  사람을 보면 도둑이라고 생각하라.

예를 들어 위의 속담은, 「～ば」나 「～と」로는 바꿀 수 없다. 만일이 말을 「～ば」나 「～と」로 바꾸면, 후건은 「泥棒と思う」의 형으로 습성의 의미가 된다. 「～たら」는 어디까지나 「～た時には」의 구체적인 장면에서, 더구나 「思え!」라는 개인의 의견이 표출된다.

이 점은 「～なら」「～たなら」의 가정법과 매우 가깝다. 단지 「なら」는 원래 단정이나 전문의 조동사 「なり」에서 유래된 말로, 그 대상을 「～だ」로 인식 판단하거나 또는 「～だそうだ」라고 전하는 의도가 살아있다.

- 咲いた花なら、散るのは覚悟。
  핀 꽃이라면 지는 것은 당연하다.

그러므로 위의 문에는, "그것이 정말로 핀 꽃이라면, 그런 경우 나는…"의 의미가 함유되어 있고, 당연히 '꽃'(외부(そと))에 대하여 '내부(うち)'의 판단이 내려져 있다.

이와 같이 보면, 「～なら」는 앞의 「～たら」와 실로 많이 비슷한 가정법이라고 말할 수 있다. 그러면 도대체 어디가 다른가. '내부(うち)' 대 '내부(うち)'의 관계에서 「た」에 기반을 두는 「たら」는 완료의식으로 전건을 받아들이고, 단정·전문에 기반을 둔 「なら」는 단순히 '틀림없이 그렇다고 하면'이라는 미완료 의식으로 파악한다는 차이밖에 인정할 수 없다.

- 「雨が降る」「傘を持って行く」
  (비가 온다) (우산을 갖고 간다)

위와 같은 두 개의 사항을 하나의 인과관계로 연결짓는다면, 전건 「雨が降る(비가 온다)」(외부(そと))를 나의 마음으로 받아들이는 본연의 자세로서 "만일 가까운 미래에, 설령 비가 온다는 사태가 일어났을 때에는…"이라는 동작의 완료 인식에 서면 「〜たら」를 사용

하게 된다.

한편 "만일 가까운 미래에, 설령 비가 온다는 사태가 발생한다. 그것을 거의 틀림없는 일로 지금 인식했다. 또는 들었다. 그런 시점에서…"라는 단정·전문상황에 서면「〜なら」가 된다.

- 「雨が降ったら、傘を持って迎えに来い」
  비가 오면 우산을 갖고 마중 나와.

그러므로 같은 후건 '우산을 갖고 간다'의 사항에 대해서도 「〜たら」의 경우에는 위와 같은 전건의 성립 후에 행해지는 행위가 이어지며, 만일 「前もって傘を持って出かける」('미리 우산을 갖고 외출하다')와 같은 후건 내용이 전건의 사태성립 이전에 취해야 할 처지인 경우에는 「〜なら」를 사용해서 아래와 같이 된다.

- 「雨が降るなら、傘を持って出かけよう」
  비가 온다면, 우산을 갖고 외출하자.

어쨌든 후건은 나의 판단('내부(うち)'의 사항)이 계속되는 것임에 틀림없다.

이상 일본어의 가정법에 대해서 주요한 것을 몇 가지 소개했으나, 그렇다고 해도 참으로 다양하며 다채로운 표현법이라 할 수 있겠다. 고대 일본어에서도 이렇게까지는 발달해 있지 않았다. 가정한다는 것은 생각해 보면 극히 고도의 지적행위이다. 개나 고양이에게는 상황을 가정하는 것은 아마 어려웠을 것이다. 인간의 특권이기는 하지만, 그렇다고 해도 현재 일본어의 이러한 표현의 다양함이 유난히 눈길을 끈다.

왜 이렇게 다채로운 것일까. 먼저 현대사회의 여러 사건이나 사물에 대해서 이들 간의 인과관계를 보는 현대인의 습성, 좋게 말하면 지적이며 논리적인 판단, 나쁘게 말하면 인습적이며 운명적인 자승자박의 의식에 기인한 것일 것이다.

그러나 더욱 유의하지 않으면 안 되는 점은, 일본인의 그 '내부(うち)'의식의 왕성함에 기인하고 있다는 점이다. 같은 두 개의 관계에 대해 '외부(そと)'와 '내부(うち)'에서 파악하는 의식의 차이를 만들어, 무미건조한 객관적인 '외부(そと)' 대 '외부(そと)'의 인과관계 이외에, 우리 자신을 대상(외부(そと))의 내부로 옮겨, '내부(うち)'의 시점에서 사물을 보려고 하는 특이한 표현법을 획득한 것, 그것이 오늘날의 조건법의 다채로움을 초래한 커다란 원인이라고 할 수 있다.

다시 말하면 그러한 같은 내부 쪽에서의 시점에서도, 사건에 대한 심리적인 대처의 차이를 몇 개인가 만들어서, 이번에는 「～たら」다, 또 이번에는 「～なら」다, 하면서 일일이 구별하는 세세한 심리도 놓쳐서는 안 될 것이다.

그렇다고 해도 일본인이란 실로 상황지향형, 견해를 달리하면 그때그때의 장면직결형, 문맥에 접한 역사적 현재형이라고 해도 좋을 것이다. 결국 대상을 객관적으로, 그 인과관계를 제삼자의 입장에서 바라보는 것에 익숙지 못한, 서구적 논리성에는 정도가 먼 사고방식의 인간, 이것이 일본인이라고 말해도 좋을 것이다.

22
시제와 일본어

일본어의 시제

문법 형태로서 현재나 과거를 특별히 구별하지 않는 언어가 있는가 하면, 대과거, 반과거, 현재완료형, 과거완료형 등으로 세밀하게 표현 형태를 나누는 언어도 있다. 헤이안시대의 일본어인 가나문은 시간에 관한 조동사를 과거로서 「き」와 「けり」, 완료로서 「ぬ」「つ」 거기에 「たり」와 「り」 등으로 꽤 상세히 구별하고 있다.

현대일본어는 어떤가. 대학 수업에서 학생들에게 현대어의 '시간'에 관한 화법을 질문하면, 모두 판에 박은 듯하게 과거는 「した」, 현재는 「する」, 미래는 「するだろう」라고 대답한다. 과연 그럴까. 「する」는 현재를 나타내는 데 쓰이며, 「した」는 모두 과거의 일이라고 단정할 수 있으며, 「するだろう」의 「だろう」는 미래를 나타내기 위해서 붙이는 것일까. 이러한 의문이 점차로 문제시된다.

아무래도 일본어는 시제(텐스)와는 다른 요소가 작용하고 있으며, 대학생들이 그렇게 말하는 만큼 단순한 것은 아닌 것 같다. 다행스럽게도 지금 여기에 다니자키 준이치로의 『文章読本(문장독본)』에 시제에 관한 기술이 있어서, 그것을 이용하는 의미로 잠시 인용해 보기로 하자.

われわれの国の言葉にもテンスの規則などがないことはありませんけれども、誰も正確には使つてゐませんし、一々そんなことを気にしてゐては用が足りません。
「した」と言へば過去、「する」と言へば現在、「しよう」と言へば未来でありますが、その時の都合でいろいろになる。一つの連続した動作を敍するにしても「した」「する」「しよう」を同時に使つたり前後して使つたり、全く規則がないのにも等しい。だがそれでゐて実際には何の不便もなく、現在のことか過去のことかはその場で自ら判別がつく。　（第二章「文章の上達法」）

우리나라의 국어에도 시제의 규칙 등이 없는 것은 아니지만, 누구나 정확하게는 사용하고 있지는 않고 일일이 그런 것을 신경 쓰면 끝이 없다.
「した」라고 말하면 과거, 「する」라고 말하면 현재, 「しよう」라고 말하면 미래이지만, 그때의 상황에 따라 여러 가지가 된다. 하나의 연속된 동작을 말하는 데에도 「した」「する」「しよう」를 동시에 사용하기도 하고 전후로 사용하기도 하여, 전혀 규칙이 없는 것과 같다. 그러나 그렇다고 해도 실제로는 아무런 불편도 없으며, 현재인가 과거인가는 그 장면에 따라 판별할 수 있다.
　　　　　　　　　　（제2장 '문장을 능숙하게 쓰는 법'）

시제에 규칙이 있는가 없는가는 별도로 하고, 확실히 과거에는 「し

た」를 사용하는 경우가 많다.(부정문의 과거에 관해서는, 본서의 『17 부정의 효과』에서 「する」형도 사용할 수 있다는 것을 설명했다. 참고하기 바란다.) 한편 현재의 동작에 「する」는 사용할 수 없다. 「している」로 나타내며, 「する」를 사용하면 미래가 된다. 상태적인 것 「ある」라든가 「見える」 등에서는 「する」형이 미래뿐만 아니라 현재도 나타낸다는 것은 잘 알려져 있다.

따라서 미래는 동작·상태에 관계없이 「する」만으로 충분하며, 일부러 「だろう」나 「よう」를 붙일 필요는 전혀 없다. 이들 조동사는 화자의 추량이나 의지의 기분을 곁들이는 역할이므로, 시제와는 관계가 없다. 그래서 앞의 대학생이나 다니자키 준이치로의 의견은 지나친 것이라는 것을 알 수 있다.

「た」의 용법

다음으로 같은 다니자키의 "하나의 연속된 동작을 서술할 때도 「した, する, しよう」를 동시에 사용하기도 하고 전후로 해서 사용하기도 하며, 전혀 규칙이 없는 것과 같다"라는 부분을 검토해 보기로 하자. 그 전에 일본어에서는 서술에 「た」를 붙이는 것이 정말로 시제를 나타내는 것인지 어떤지를 생각해 보자. 우선 과거사상의 서술이나 경험·회상의 문에서는 확실히 「た」를 쓴다.

- 「あの留学生は昨年日本に来ました」
  저 유학생은 어제 일본에 왔습니다.
- 「祖父は1960年に亡くなりました」

할아버지는 1960년에 돌아가셨습니다.
- 「私は学生時代に三回、富士山に登った」
  나는 학생시절에 세 번 후지산에 올랐다.
- 「そんな事もあったね」
  그런 일도 있었네요.
- 「あの人は本当に偉かった」
  그 사람은 정말로 훌륭했다.

물론 「私は学生時代に三回富士山に登っている」와 같이 경험의 서술이라면 「た」를 사용하지 않고 「ている」라도 괜찮다. 완료를 과거에 포함시키는가 포함시키지 않는가는 별개의 문제로서, 현시점에서 완료 혹은 발생한 상황에도 「た」를 사용한다.

- 「仕事が終わったから帰ります」
  일이 끝났으니까 돌아가겠습니다.
- 「雨が降ってきたらしい」
  비가 온 것 같다.
- 「しーっ、先生がいらっしゃったぞ」
  쉬잇, 선생님이 오셨다.

과거나 완료에서 「した」 대신에 「する」형을 사용하면, 동작성 이야기인 경우는 미래, 「あった」나 「偉かった」와 같은 상태성이라면 현재가 된다. 「た」를 빠뜨리면 서술 내용에 차이가 생긴다. 이상은 과거나 완료라는 '시간'에 관계되는 내용이므로, 「した」형이 과거나 완료의 의미를 갖는 것으로 이해된다.

그러나 이들의 예만으로 「た」가 서술내용의 과거나 완료시 사용한다고 결론지어도 좋을 것인가? 왜냐하면 시간과 전혀 관계없는 사항의 문에 「た」가 나타나기 때문이다.

- 「上京してもう七ヵ月経った」
  상경해서 벌써 7개월 <u>지났다</u>.

위의 문은 시간의 경과를 화제로 하는 문이므로 회상의 「た」, 내지는 '현재 7개월이 되었다'라는 완료의 「た」라고도 취할 수 있을 것 같다. 그러나

- 「上京してもう七ヵ月経つ」
  상경해서 벌써 7개월이 <u>지나다</u>.

그러나 위와 같이 「する」형으로도 바꿔 말할 수 있으며, 의미에도 차이는 나타나지 않으므로 이 「た」는 시제가 원인으로 사용된다고는 도저히 인정할 수 없다. 먼저 거의 시간과는 무관한 화제문에서도 「た」의 사용이 보이는 것을 어떻게 설명할 수 있을까? 예를 들어 보자.

- 「先生のお宅にFAXあったかしら?」
  선생님 댁에 팩스가 있었던가요?
- 「ちょっと待ってください。今、名簿で調べますから……。
  あ、有りました。03の…」

잠깐 기다려 주세요. 지금, 명부를 찾아볼 테니까요…….
　　아, 있었네요. 03에….

　「FAXあったかしら?」는 결코 과거에 팩스수신이 있었나 어땠나를 묻고 있는 것이 아니다. 어디까지나 현재의 이야기이다.
　또 「あ、有りました」도 "현재 있다"라는 인지인 것이다. 어느 쪽이나 모두 현재의 이야기인데 「た」의 문을 사용하고 있는 것이다.
　그러고 보면 현재의 일에 「た」를 사용하는 예는 매우 많다. 역에서 기억에 없는 사람이 인사를 하면 「どなたさまでしたか(누구시던가요)」라고 묻고, 이름을 기억하고 있으면 「確か田中さんでしたね(다나카씨 맞지요?)」라고 말을 한다. 결코 과거의 이야기는 아니다. 또 「来週英語のテストあったかしら(다음주 영어테스트 있었던가)」라고 물으면, 「ええ、来週の火曜、テストあったわよ(예, 다음주 화요일, 테스트 있어요)」라고 대답한다. 「先生、あさっての昼休み、お時間いただけますか(선생님, 모레 점심 때 시간 좀 내주시겠어요)」라고 물으면, 「ちょっと待ってください。今手帳を見ますから、…あ、駄目です。あさっては会議がありました(잠깐 기다려 주세요. 지금 수첩을 볼 테니까. …아, 안되겠군요. 모레는 회의가 있었네요.)」라고 미래의 일에 「た」를 쓴다.
　이들의 예는 「た」를 생략하고 「する」형으로 해도 관계없다. 단지, 그 경우 '다음주 영어 테스트가 있으니까'에서는, 미지의 일에 대한 예측이 되며, '다음주 영어 테스트 있었던가'의 불확실함에 대한 확인 의식은 없어져 버린다. 이러한 것은 다음의 예를 보면 알 수 있을 것이다.

- 「火星に衛星あったっけ」(確認)

  화성에 위성이 있었나. (확인)
- 「じゃ、頼んだよ」(確述・念押し)

  자, 부탁했어요. (확술・다짐)
- 「あの人は以前からここに居ました。間違いありません」(確述)

  그 사람 이전부터 여기에 있었습니다. 틀림없습니다. (확술)
- 「どうも有難うございました」(確述)

  대단히 감사했습니다. (확술)
- 「社長、お車が参りました」(確述)

  사장님, 차가 왔습니다. (확술)
- 「台風が来るから早く帰ったほうがいい」(強調)

  태풍이 오니까 빨리 돌아가는 편이 좋다. (강조)
- 「そうだ、今日は家内の誕生日だった」(想起)

  그렇다, 오늘은 집사람의 생일이었다. (상기)
- 「あ、ここに在った」(発見)

  아, 여기에 있었네. (발견)
- 「なあんだ、夢だったのか」(発見)

  뭐야, 꿈이었던 거야. (발견)
- 「やっぱり君だったの」(予想の的中)

  역시 너였구나. (예상의 적중)
- 「まあ、呆れた」(驚愕・驚嘆)

  아, 질렸다. (경악・경탄)
- 「こりゃ、驚いた」(驚愕・驚嘆)

  이거, 놀랐다. (경악・경탄)

어느 것이든 시제와는 관계없는 곳에 「た」가 들어 있다. 괄호 안에 표기한 설명은 그「た」의 문맥적인 의미이며,「た」가 나타내는 표현의도라고 바꿔 말해도 좋다.

- 「ああ、やっとバスが来ましたよ」(期待の実現)
  아아, 이제야 버스가 왔습니다. (기대의 실현)

위는 기다리고 기다렸던 버스가 멀리서 보일 때의 상태로서도 역시 '완료'(오는 것에 대한 실현)이며, 그것은 동시에 '기대의 실현'이라고도 말할 수 있다. 이와 같이 보는 관점에 따라 여러 가지로 설명할 수 있는 만큼「た」의 기본인 것은 역시「확술(確述)」의식, 대상(외부(そと))에 대해서 틀림없이 그렇다는 화자의 기분(내부(うち))을 나타낸 것이다.

이 경우 '외부(そと)'인 대상과는, 혹은 '화성에 위성이 있다'라든가 '오늘은 집사람의 생일이다'라고 하는 객관적인 사항, 혹은 '꿈'이나 '놀라버릴 현실의 사태' 아니면 '역시 당신이다' '너무 고마워'와 같은 스스로의 마음에 나타나는 사상 등이다. 그 감사함을 확실한 것으로 받아들이는 화자의 의식이「た」에 함유되어 있다. 마찬가지로, '태풍이 오니까 빨리 돌아가는 편이 좋다'도 상대방의 귀가를 확정적인 것으로 하는 강한 의식의 표현이다.

이와 같이「た」에는 아직 흔들리고 있는 인식을 확정적인 신념으로 고정하는 의식이 함유되어 있다. 이제는 화자의 마음속에서 움직이기 어려운 것이 된다는 것이다. 그러므로 확인이든, 확술이든, 혹은 다짐이나, 강조나, 상기, 그리고 발견·예상의 적중·경악·경탄… 모두가 기본은, 지금 서술한 '확술의식'으로 그것이 문맥에 따라 여러 가지 의도를 동반한다고 생각된다. 따라서 과거나 완료도 우연히 지나간 이전의 화제가 대상이 된 것일 뿐, 기정사실로서 화자의 마음에 확실하며 틀림없는 것으로 반영되는 것이야말로「た」에 의한 확술표현을 취한 것일 것이다.「た」의 문은, 결코 과거의 이야기에만 한정된 것은 아니다. 이런 예가 있다.

● 明日の朝いちばん早く学校に来た生徒が、教室の窓を開けなさい。
　내일 아침 제일 먼저 학교에 온 학생이, 교실의 창문을 여세요.

이 문에는 '학교에 온(학생)' '창문을 여세요'의 2가지 동작이 포함되어 있다. '학교에 왔다'이므로 과거, '여세요'이므로 미래다 라고는 말할 수 없다. 전체가 '내일 아침 제일 먼저…'라고, 미래의 이야기이기 때문이다.

즉 과거, 현재, 미래라는 것은, 어디까지나 이야기 내용에 관한 구별로 표현상의 시제설정과는 전혀 관계가 없다. 미래의 이야기에서도 문맥상「た」형을 취하는 것은 충분히 있을 수 있다. 앞의 예에서 학생이 '자, 창문을 열자'라는 시점에서는, 이미 학교에 와 있는 것이므로 문맥상은 과거이다. 이것을 영화적으로 다시 설명하면 다음과 같이 된다.

선생님이 '내일 아침 제일 먼저…'라고 말함으로써, 듣는 사람(학생)의 의식은 '내일 아침'이라는 장면에 있게 되며, '제일 먼저 학교에 온 학생'의 단락에 이르러, 그들의 눈에는 지금, 학교라는 장면과 더불어 누군가가 제일 먼저 오는 것이 보인다. 바로 그때 그 인물에게 선생님이 '교실의 창문을 여는 거야'라고 발화의 현재시점에서 명

령하고 있는 것을 이와 같이 나타내는 것이다.
　서술내용의 전개에 따라 문맥을 짚어가며 읽는 것은, 청자의 의식은 자유롭게 '시간'이나 '장소'를 이야기 속의 장면으로 옮길 수가 있다. 청자의 시점은 이야기의 추이에 따라 장면 속의 상황을 현재의

입장에서 바라본다. 누구인가가 학교에 왔다고 하면, 그것은 '학교에 온 학생'이라고 받아들이는 것이다. 결코 선생님이 이야기를 해 가는 현 시점에서 바라보는 것이 아니다. 미래의 의식이 아닌 것이다.

이른바 이 같은 일본어의 독자적인 발상은, 화자와 청자 모두 이야기의 문맥에 따라 순서대로 장면의 움직임을 따라가서, 항상 현재의 시점에서 이야기 내용을 바라보는 방식이다. 마치 점자를 손으로 순서에 따라 읽어서 이해해 가는 것과 비슷하다. 발화 시점에 위치를 두고 내용을 과거다, 미래다 라고 선별하는 자세와는 전혀 다르다. 즉 '내려다보는 발상'이 아니라, 파충류와 같이 끊임없이 '문맥'이라는 길 위에서 기어가는 태도라고 말할 수 있다.

이와 같은 표현의식에 서 있기 때문에, 이야기에 나타나는 사태는 그때마다 하나하나 확실한 상태가 되던가, 그렇지 않던가, 확인하고 나서 앞으로 나아가는 자세를 만든다. 즉 '확술'의 「た」이다. 과거, 완료, 다짐, 발견, 모두 그때그때의 확인으로서, 화자의 의식의 관문을 지나는 표현인 것이다.

일본어의 '시제'에 나타나는 화자의 의식

그런데 왜 일본어는 이 같은 성격을 갖고 있는 것일까. 확술 의식은 곧 화자의 심리 투영이며, 그 심리는 현재 무대 위에서 전개하는 '모습'을 시각으로서 연속적·계시적으로 취하는 의식이기도 하다. 일본어에서 '역사적 현재'의 형식이 많은 것도 혹은 이러한 것과 관계가 있는 지도 모른다.

시각문화, 시각의존의 사고는, 예를 들면 일본어에서는 의태어나

비유표현의 다채로움에 나타나지만, 일본 정원이나 시각적으로 아름다운 일본 요리라든가 일본 과자 등에서도 그 일부분이 보인다.

앞에서, '내부(うち)'와 '외부(そと)'를 구별하는 일본인의 민속성에 대해서는 설명했다. 일본문화에도 그것은 농후하게 나타나 있는데, 예를 들면 자기 영역인 울타리의 '내부(うち)'와 영역 이외의 '외부(そと)'의 구별이 그와 같다. 여기에서 빠뜨릴 수 없는 것이 '외부(そと)'를 '내부(うち)'의 연속으로 생각하고자 하는 본능이다. '차경(借景)'이 그 예라는 것은 앞에서 말하였는데, 모두 남의 것을 제 것으로 할 수는 없다. '남(他)'과 '자기 자신' '외부(そと)'와 '내부(うち)'와의 넘기 어려운 울타리를 제거하는 데에는, 자기 자신이 다른 사람 쪽의 위치를 움직일 수밖에 없다. 일종의 '타협'이지만, 일본인이 강하게 자기 주장을 하여 '남(他)'과 대립하는 것을 피하고, 적당하게 상대와 말을 맞추는 태도를 갖고 있다. 혹은 확실히 상대에게 잘못이 있음에도 불구하고, 곧 '미안합니다'하고 사과하여 분쟁을 일으키고 싶지 않은 국민성, 이 국민성은 확실히 자기를 타자 측으로 옮기는 발상이다.

'내부(うち)'와 '외부(そと)'를 일단 구별해 두지만, 상대방에게 말하는 사항에는 이쪽이 곧 보조를 맞추려고 하는 성향이 있다. 보기에 따라서는 상대의 영역으로 자기를 전이시키는 것이다. 결과적으로는 '외부(そと)'를 '내부(うち)'로 받아들이는 것이 되는데, 이 사상은 극히 소극적인 태도이다. 확술의식의 「た」도, 상대가 말하는 문맥이나 대상으로 하는 외부 사항의 세계로 곧 전이해서 '외부(そと)' 영역 속에서 자기의 시점(내부(うち))으로부터 취하고자 한다. 이야기를 하려는 현 시점에서 화제의 '시간'을 파악하는 ('외부(そと)'의 사항을 '외부(そと)'의 시점에서 바라본다) 객관적인 태도가 아니다. 이야기 속의 세계('외부(そと)'의 세계)에 들어가서, 그곳에서 자기의 시점('내부(うち)'의 영역)으로서 상황을 취하고자 한다. 참으로 주관적인 태도이다.

그 까닭에 일본어의 「た」는, 자기의 시점에서 확술의식이라는 점에 일관하고 있으며, 다니자키가 말한 것 같이 결코 무규칙하지는 않다. 동시에 '자기'와 '타자', '나'와 '대상'을 엄밀하게 구별하고 나아가서 양자의 연속·융합을 도모하는 일본적 사고의 극단적인 표현이다. 이것은 일본어의 문법현상 속에서도 특기(特記)하지 않으면 안 된다고 생각한다.

| 맺음말 |

본서의 집필을 마치면서, 이 장을 빌려 저자의 언어표현에 대한 생각을 적고 싶다. 이것은 즉 본서를 구상하는 데 마음을 기울인 최대의 관심사가, 일본어의 모든 표현에 공통된 표현을 지탱하는 발상의 본연의 자세, 즉 일본어의 본질이라고도 말할 수 있는 가장 기본적인 '공통관념'에 관해서이었기 때문이다. 더욱이 종래의 많은 연구서가 특히 일본어의 독자성이라는 점에 눈을 돌리지 않고, 단지 그 구조나 기능의 분석·기술에 시종일관해 온 것처럼 보였기 때문에, 새삼 일본어의 표현성 그 자체를 바르게 파악할 필요가 있다고 생각하기에 이르렀다.

언어를 표현 본연의 자세에서 다시 바라보면, 다음과 같은 것을 알 수 있다. 먼저 화자가 청자에 대해서 "전달한다"는 의식에서 발하는 표현, 즉「私」대「あなた」의 관계에서 언어전달, 이것은 청자, 어디까지나 자기와는 대립하는 외부의 존재로 의식하는 발화이다. 다른 하나는, 청자를 특히 외부(そと)사람이라고는 의식하지 않고, "우리들"이라는 기분으로 말하는 언어표현. 말하자면 자기와 일체감 의식에 있는 발화로, 바로 청자를 내부(うち)사람으로 받아들인 '우리들'의 입장에서의 언어표현이라고 말해도 좋을 것이다. 그리고 이 두 개의 다른 표현의식의 변별이 일본어를 생각하는 점에서 중요한 것은, 본서의 모두(冒頭)에서 말했듯이 일본인이 의식하는 「わたし」는 표현자의 '눈' 그 자체, '자기 자신'이며, 결코 말에 나타나는 「私」라는 대상이 아니기 때문이다. 거기에서 '나의 측'과 '나를 둘러싼 타자'와의 대립의식이 싹트고, '내부(うち)' 대 '외부(そと)'의 관계의식이 더욱 심하게 나타난다. 실은 일본어의 문법의 모든 현상을 생각했을 때 이 두 개의 의식 변별은 매우 중요하며, 과장되게 표현한다면 일본어의 일본어다움의 많은 부분은 이 양자를 변별하는 것에서 참모습이 나타난다고 할 수 있다. 그리고 이 '내부(うち)' '외부(そと)'의 대응은 거슬러 올라가면 일본의 사회구조, 결국 일본문화 그 자체의 반영이라는 것도 알 수 있을 것이다. 이렇게 보면, 언어의 성격은 그 것을 사용하는 인간, 더 나아서는 그 사람들이 만들어내는 사회나 문화와 끊으려야 끊을 수 없는 관계에 있다는 것을 알 수 있다.

본서를 집필할 때 저자의 머리를 떠나지 않는 문제는 바로 이 눈에 보이지 않는 실로 묶여진 일본적인 '내부(うち)' '외부(そと)'관념과 일본어와의 연결이었다. 지금까지 자신이 시행착오한 개개의 문법현상의 해석을 어떻게 해서든지 한곳에 모으고 싶었다. 일본어문법의 여러 가지 문제를 하나의 통일이론으로 정리하고 싶었다. 수동도, 사역도, 조건표현도, 그리고 「は」와 「が」의 문제도, 모두 "일본어의 시점"이라는 공통관점에서 이론무장은 불가능한 것인가. 오랫동안 머릿속에 남아있던 문제를 하나하나 해부해 가는 동안에, 점차로 이 저변에 흐르는 지하수맥이 보이는 것을 느꼈다.

연구생활도 불혹의 나이를 맞이하여, 아무래도 연구 성과의 몇 개인가는 세상에 문제 삼을 수 있게 되었다. 말을, 표현하고 전달한다는 관점에서 고쳐보고, 거기에 나타나는 여러 가지 현상을, 분리해서 개별의 문제로서가 아니라, 같은 하나의 줄기에 연결된 일련탁생의 언어현상으로 바라본다. 그러한 생각에서 사람들에게 도움이 되는 책을 만들고 싶다. 본서는 이상과 같은 경위에서 집필된 것으로 일본어를 배우는 사람, 일본어교육에 종사하는 사람뿐만 아니라, 일본어에 관심이 있는 사람들에게도 널리 읽혀질 수 있도록 내용이나 전체 구성에 신경을 썼다. 또 문법연구나 표현론의 교재로서도 사용할 수 있도록, 표현이나 문법에 관한 중요문제는 대충 망라했다. 목차를 참고하기 바란다.

더구나, 본서에 앞서 創拓社에서 출판된 『言葉をみがくー日本語の持ち味、隠し味ー』는 본서와 마찬가지로 일본어의 표현에 관한 특질을 설명한 것이며, 유의 표현의 의미나 용법의 차이를 설명한 『日本語の類意表現』도 독자 모두에게 참고가 될 것으로 생각되므로 함께 이용하면 좋을 것이다.

1994년 12월
저자

| 역자소개

허 인 순(許仁順)

일본 쓰쿠바대학 문예언어학과(응용언어학) 박사과정 수료
충남대학교 대학원 국어국문학과(국어학) 박사학위 취득
일본 교토외국어대학 객원연구원
현재 전북대학교 일어일문학과 교수
〈저서〉『12주에 OK! 초급일본어』,『겨울연가와 나비환타지』,『오용례로 배우는 일본어 123』
〈역서〉『일본문화 키워드305』,『미카미문법에서 테라무라문법으로』

박 성 태(朴成泰)

전북대학교 일어일문학과 졸업
일본 도호쿠대학 대학원(언어커뮤니케이션 전공) 석사 및 박사학위 취득
일본 도호쿠대학 연구원
현재 전북대학교 일어일문학과 강사
〈저서〉『오용례로 배우는 일본어 123』

일본어의 본질〈원제 日本語の視点〉

지은이 모리타 요시유키 | 옮긴이 허인순·박성태 | 초판 1쇄 발행일 2008년 2월 18일
펴낸이 박영희 | 표지 정지영 | 편집 정지영·허선주 | 펴낸곳 도서출판 어문학사
132-891 서울시 도봉구 쌍문동 525-13 | 전화 (02) 998-0094 | 팩스 (02)998-2268
홈페이지 www.amhbook.com | E-mail am@amhbook.com
등록 2004년 4월 6일 제7-276호
ISBN 978-89-6184-038-5 13730 | 가격 12,000원
※ 잘못 만들어진 책은 교환해 드립니다.